出口治明

逆境を生き抜くための教養

GS
幻冬舎新書
691

逆境を生き抜くための教養／目次

編集協力　岡田仁志
DTP　美創

プロローグ　人生最大の逆境

世の中は何が起こるかわからない

僕たちが暮らす世界は、この数年のあいだに、３つの大きな災厄に見舞われました。新型コロナウイルスによるパンデミック、ロシアのウクライナ侵攻、そしてトルコ・シリアの大地震です。

パンデミックの被害は世界全体に広がりましたし、戦争や大地震も当該国だけの問題ではありません。食糧やエネルギーの逼迫《ひっぱく》などによって、世界中が悪影響を受けました。

パンデミックも戦争も大地震も、人類の長い歴史を振り返れば「よくあること」です。決してめずらしい事態ではなく、いつ、どんなタイミングで起きても不思議ではありません。

しかし、ほとんどの人は、それが「いま」起きるとは、想像していなかったはずです。思いがけない事態によって、多くの人々が厳しい逆境に直面して苦しんでいるのが、世界の現実です。

そんな現実を目の当たりにして、あらためて「世の中は何が起こるかわからない」と痛感している人は多いのではないでしょうか。人の世は、変化の連続です。社会情勢だけでなく、僕たちひとりひとりの暮らしも、常に順風満帆というわけにはいきません。

誰でも、調子のいい順境にあるときほど「この状態がいつまでも続くだろう」と思い込みやすいものです。でも、残念ながらそうはいきません。順境は、大抵の場合は「突然に」、逆境に転じます。

2020年の年初から世界に拡大したコロナ禍で、僕が学長を務める立命館アジア太平洋大学（以下、APU）も、オンライン授業の導入や卒業式と入学式の中止決定など、急な対応に追われました。学長として、できるかぎり迅速な意思決定をする必要がありました。

APUは、学生のほぼ半数にあたる約3000人が外国人留学生です。その家族などが外国から集まるイベントですから、卒業式・入学式の中止は、どこの大学よりも早く決めました。

それからも長期にわたって、国境を越えての人の移動が制約され、APUにとっては、ほかの大学以上に大きな逆境となりました。

そして、そのコロナ禍のもと1年が過ぎた２０２１年1月に、僕自身も大きな災難に遭遇しました。亡母《ぼうぼ》の四十九日法要のために故郷の三重に向かう前日に、宿泊していた福岡のホテルで脳出血を起こし、病院に運び込まれたのです。72歳にして、生まれて初めての入院でした。

脳出血の後遺症で右半身まひ、失語症にも

もちろん、それまでの人生も、ずっと順境だったわけではありません。手痛い失恋を経験したり、司法試験に落ちたり、勤めていた会社で左遷されたりなど、いろいろな逆境を経験しています。

それでも、健康にだけは自信を持っていました。入院するような大病を患ったことがないというだけではありません。風邪を引いて少し熱が出ても、しっかり食べて、ぐっすり眠れば、医者にかからなくても２、３日で回復していました。病気で仕事を休んだことは、一度もありませんでした。

とはいえ、健康維持のために何か特別なことをしていたわけではありません。健康の

秘訣を聞かれると、「病気や健康のことをいっさい気にしないことです」などと答えるのが常でした。病気の心配ばかりしていると、そのストレスのせいで、かえって病気になりやすい。「病は気から」だと信じていたのです。

健康面については、僕はまさに、「この順境がいつまでも続くだろう」と思い込んでいたわけです。年に1回の健康診断は受けていたものの、人間ドックは人に勧められても受けない。医者から「血圧が高い」と忠告されても、降圧剤を服用するほかはとくに気にすることもなく、それまでと同じ生活を続けていました。

しかし、どんなに自信があっても、やはり何が起こるかはわからないものです。丈夫な体に生んでくれた両親にはいつも感謝していたのですが、その母の法要に向かう途中で倒れてしまいました。

命が助かったのは幸運でしたが、気がついたときには、右半身がまひして思うように動かせない。それに加えて、失語症にもなっていました。自分の足で歩くこともできなければ、話すこともできません。

僕にとって、これは人生最大の逆境です。それを乗り越えるためには、とにかくリハビリに励むしかありませんでした。

倒れたときは72歳。この年齢になってから脳出血などによる後遺症を抱えた場合、すでに仕事をリタイヤしている人が多いこともあって、リハビリの目的は自宅での日常生活に復帰というのが一般的です。

でも僕は、APUの学長を辞めるつもりはまったくありませんでした。執筆や講演活動なども、前と同じように続けたい。乗り越えるべき壁が高いので、リハビリも厳しいものになりました。

いまもまだ喋るのには苦労しますし、徒歩の移動は困難なので、電動車いすのお世話になっています。リハビリはいまも週5日のペースで続けています。

支えになったのは「知の力」

しかし、さまざまな形で助けてくださった方々のおかげで、倒れてから1年後の2022年1月には、立命館東京キャンパスからオンライン会議に参加する形で仕事を再開。3月末にはAPUキャンパスがある大分県別府市に戻り、本格的に学長職に復帰しました。

70代の僕が、生死に関わるような病気を患ってからわずか1年という短期間で、しかも右半身まひと言語障がいを抱えたまま仕事に戻ったと聞くと、ほとんどの人はとても驚きます。「強い精神力をお持ちなのですね」「自分なら絶望してしまって、立ち直れないと思います」などと言われることもあります。

でも僕は、そんなふうに言われても、あまりピンと来ませんでした。もちろん、突然の病で自分の体が思いどおりに動かなくなったのはショックでしたが、絶望することもなければ、気持ちが落ち込むこともありませんでした。

目の前の現実を受け入れ、「ではどうすればいいか」と考え、やるべきことをやる。僕がやったのはそれだけです。

僕は以前から、著書や講演などを通じて、「知は力」だと語ってきました。

状況の変化に対して良い判断を下し、正しい行動を取るためには、まずは数字（データ、エビデンス）とファクトをしっかりと把握し、それに基づいてロジカルに考えることが大切です。数字・ファクト・ロジックという3つの要素のどれかひとつでも欠けると、思考が曖昧なものになってしまう。これは昔から僕がいろいろなところで語ってきた持論です。

その考えは、今回の逆境を経験したいまも変わっていません。むしろ厳しい逆境のときこそ、数字とファクトに基づいて論理的に考えることが求められるのだと思います。

逆境にさらされたとき、「挫《くじ》けないよう気持ちを強く持たなければ」と自分を鼓舞する人は多いでしょう。いつまでも立ち直ることができない自分を「弱い人間だ」と責めてしまう人もいると思います。

気力や精神力はたしかに大事です。でも、それに加えて重要なのは「知力」だと、僕は思います。「教養」といってもいいでしょう。

僕自身、病という逆境から復活するまで、いままでに読んだ1万冊以上の本から学んだ物事の考え方や歴史の知識などが、大いに役立ちました。

たとえば今回、「大きな病気を経験して人生観が変わりましたか」とよく尋ねられました。

「将来に何が起こるかは誰にもわからない。だから、川の流れに身を任せ、流れ着いた場所でベストを尽くそう」「流されて岩にぶつかったり、濁流にのまれたりすることを面白がろう」

これは僕が若いときからの人生観で、病気をしてもそこはまったく変わっていません。病気になって後遺症を抱えるという逆境もそのようにとらえることができたのが、僕が落ち込まなかった理由のひとつかもしれません。

これは、後でも紹介しますが、大学時代に読んだダーウィンの『種の起源』から学んだ考え方です。

この本では、僕が今回の逆境を通じて考えたことを、いろいろとお伝えしたいと思います。

逆境は、必ずしも苦しいことばかりではありません。そもそも逆境とは、自分を取り巻く環境の変化によって生まれるもの。季節が変われば目に入る風景も変わるように、逆境を迎えた人には、それまでの順境では見えなかった風景が見えてくるのです。

なにしろ逆境ですから、それはあまり良い風景ではないかもしれません。明るい太陽の下が順境なら、逆境は暗いトンネルの中かもしれません。

しかし暗いトンネルの中には、太陽の下では知ることのできない何かが必ずあります。逆境は、僕たちに新しい「発見」をもたらしてくれます。

僕も、初めての入院から今日までのあいだに、新しい発見がたくさんありました。その発見は、新たな知識として、僕が物事を考えていく上での武器になっています。

まずはそんなところから、話を始めたいと思います。

第1章

「初めてのマイノリティ体験」が教えてくれたこと

僕はずっとマジョリティ側の人間だった

学生のほぼ半数を外国人留学生が占めていることもあって、ＡＰＵは「ダイバーシティ（多様性）」と「インクルージョン（包含）」への取り組みを重視しています。

性別や国籍、年齢、障がいの有無などを問わず、多様な個性を持つ人を受け入れ、お互いに認め合って、それぞれが自分の力を発揮できる社会をつくる。２つの言葉の頭文字を取った「Ｄ＆Ｉ」は、現代社会の大きなテーマです。

しかし日本の社会では、「Ｄ」についても「Ｉ」についても、まだまだ理解と実践が進んでいません。どこよりも「多様」な背景を持つ学生たちを抱えるＡＰＵは、先頭に立ってＤ＆Ｉを推進していくべきだと思っています。

多様な人々を包含していくには、マイノリティの立場をよく考えて制度や環境を整えなければいけません。放っておくと、人間の社会はマジョリティにとって都合の良いものになります。

だからこそ、民主主義においては「少数派への配慮」が大事です。選挙も議会での議決も、最終的には多数決で決まります。だからといってマジョリティの都合だけで物事を決めてはいけないのです。

ただし念のために言っておくと、この「マジョリティ」と「マイノリティ」の区別は、たんに「多数派」「少数派」という数だけの問題ではありません。マジョリティは「強い立場」の人々、マイノリティは「弱い立場」の人々を意味します。

たとえば男性と女性はほぼ同じ数だけ存在しますが、いまの日本は明らかに男性優位の社会なので、女性はマイノリティです。高所得者は低所得者より数は少ないけれど、立場が強いのでマジョリティです。そういう強い立場にいる人たちが、弱い立場の人たちの事情を理解しなければ、Ｄ＆Ｉは前進しません。

僕も、そのことは日頃から意識しているつもりでした。というのも、僕自身は、基本的にマジョリティの側にいる人間です。もちろん、「おれは強者だ」などと思い上がっているつもりはありません。それに、日々の暮らしの中ではしばしば弱い立場に置かれます。でも客観的に見れば、いろいろな点でマジョリティだといえるでしょう。

文化心理学者として差別やダイバーシティの研究をしている上智大学外国語学部の出

口真紀子教授（僕と同姓ですが親戚ではありません）は、マジョリティ性とマイノリティ性を次の8つの属性（アイデンティティ）で分類しました。それぞれ、上がマジョリティ、下がマイノリティです。

（1）人種・民族　日本人＞外国人・在日コリアン・アイヌなど
（2）ジェンダー　男性＞女性、他
（3）性的指向　異性愛者＞同性愛者、他
（4）性自認　シスジェンダー＞トランスジェンダー、Xジェンダー
（5）学歴　高学歴（大卒以上）＞低学歴
（6）社会階級　高所得者＞低所得者
（7）身体・精神　健常者＞障がい者
（8）居住地域　大都市圏在住＞地方在住

僕は決して大金持ちではありませんが、以前は日本生命という大企業に勤めていまし

たし、いまは大学の学長というポジションにいます。社会全体の平均値から見れば、やはり高所得者でしょう。居住地域も、いまは大分県の別府に単身赴任していますが、自宅は東京という大都市にあります。どの項目を見ても、マジョリティ側の属性を持っていました。

それでも、自分とは異なるマイノリティの境遇などは、現実を見たり、想像したりすれば、理解することができます。その理解を踏まえて、マイノリティのために社会をどう変えていくべきかを考えることもできる。実際、たとえば女性の地位向上や社会進出については、これまでも積極的に発言してきたつもりでした。

障がい者になって初めて見えた現実

アメリカの哲学者ジョン・ロールズは、1971年に刊行された『正義論』という有名な著書で、「無知のヴェール」というアイデアを提起しました。

人間は、自分が社会の中でどんな立場にあり、それによってどのような利益や不利益を得ているかを知っています。その知識を前提にして社会のルールを考えれば、どうしても自分の立場に有利なものを選びたくなるでしょう。たとえば富裕層なら、自分にとって不利な累進課税には反対するかもしれません。

しかし、それではマジョリティにばかり都合の良い社会になってしまいます。

そこでロールズはこんなことを考えました。人々が公正な規範について合意に達するための架空の社会的場面として「原初状態」を設定し、そこでは、自分について何も知らないことにするようなヴェールが人々を覆っている、というものです。

どの人も、自分の生育環境や才能などに関する情報が「無知のヴェール」で隠れているので、どんなルールが自分にとって有利なのかわかりません。それであれば、「無知のヴェール」を取り去ったときに、自分がどんな属性であっても納得できるような社会にしておきたいと考える。その結果、誰にとっても公正なルールが選ばれるだろう、というわけです。

現実には、自分の属性や立場に関する知識を完全に白紙にした状態で物事を考えることはできません。しかし、マイノリティが不利にならないような社会のあり方を考えるときに、マジョリティ側の人々がこの「無知のヴェール」を意識するのは、ひとつの方策となります。

たとえば結婚制度について議論するなら、自分が男性か女性か、あるいは異性愛者か同性愛者かわからない状態だったら、どの制度を選ぶかを想像してみるわけです。

とはいえ、この「無知のヴェール」にも限界はあります。自分の属性について無知ならば、たしかに自分勝手な主張はしないでしょう。でもそれだけでは、他人がどのような制度を望んでいるのかを知ることはできません。

他人の立場になって物事を考えるのは大事ですし、想像力を働かせれば、ある程度はマイノリティに何が必要なのかわかります。でも、やはり他人は他人なので、想像するだけではわからない現実がたくさんある。

自分が右半身まひになり、電動車いすを使って生活するようになってから、僕はそのことに気づきました。

それまであらゆる点でマジョリティだった僕にとって、「障がい者であること」は初めて得たマイノリティ属性です。その立場で生活を始めてみると、それまでまったく気づかなかった世の中の現実がいろいろと見えてきました。

もちろん、健常者だったときも、車いす利用者は不便なことが多いだろうと思ってはいました。自分で体験しなくても、移動が大変なことは誰が考えてもわかります。

でも、やはり世の中には、実際に自分で体験しないとわからないことがある。電動車いすでの生活は、最初から新しい発見の連続でした。

発見とは、知らなかったことを知るということ。それがどういう事情によるものであれ、僕にとっては面白い体験です。「そうか、マイノリティの立場からは世の中がこう見えるのか!」と気づくたびに知識が増え、社会に対する考え方が広がるわけですから、じつにありがたい。

そういう意味で、病気で倒れてからの数々のマイノリティ体験は、僕にとってワクワクするものになっています。

1秒だけ悩んで、歩けるようになることをあきらめる

「自分の足で、外をひとりで歩くのはあきらめましょう」

理学療法士の先生からそう言われたのは、最初に入院した福岡の病院から東京の原宿

リハビリテーション病院に移って3カ月後、2021年5月のことでした。

それまでは自分の足で歩くことを第一の目標として歩行訓練を一所懸命にやっていましたが、これがなかなか難しい。医療保険の対象になるリハビリは上限で180日なので、リハビリ病院には長くても6カ月間しか入院できません。

1日のリハビリの時間は3時間。僕がやっていたリハビリは、体の回復を目指す理学療法、言葉を訓練する言語聴覚療法、日常生活の動作を訓練する作業療法の3種類です。3時間を3つのリハビリに割り振って、退院後の仕事や生活に必要な最低限のスキルを効率良く身につける必要があります。

僕の場合、リハビリの最終目標は、APUの学長職に復帰すること。そのためには、ひとりで自立した生活を送れるようにならなければいけません。

しかし担当してくださった理学療法士の先生によれば、そのまま歩行訓練を続けても、退院するまでに付き添いなしで外を自由に歩けるようにはならないとのこと。でも、電動車いすを使えるようになれば、介助なしでひとりで移動できる。だったら、電動車いすを使うことにして、歩行訓練に費やす時間や労力を話す練習などに使ったほうがいいのではないですか。それが先生からの提案でした。

言葉を取り戻すために、歩くことをあきらめる――。

僕は1秒だけ悩んで、すぐ同意しました。

「目標を達成するには、何をするのが最適か」を考える。それが自分の専門外のことなら、プロの意見を尊重する。それが、僕がこれまでの仕事で培ってきた決断の方法でした。

そして考えるときに重要なのは「ファクトに基づいたロジカルな判断」です。

「残された3カ月ではひとりで歩けるようにはならない」という、プロが示してくれたファクトを認めたら、あとはロジカルに考えれば答えが出ます。

ひとりで生活するためには、着替えや食事などの日常動作がうまくできるようにならなければいけません。また、学長職に復帰するためには、「話す」「書く」というコミュニケーションが必要です。

自分の足で歩くことをあきらめれば、そういった優先順位の高い訓練に多くの時間を使うことができます。その分、復帰も早まるでしょう。もちろん電動車いすを使うのにも練習が必要ですが、歩行訓練と比べたら、大した時間ではありません。

電動車いすが「移動の自由」をくれた

電動車いすの練習は、それ自体がワクワクするものでした。初めて電動車いすに乗って思い出したのは、大学生時代に通った自動車教習所のことです。初めて自動車の運転席に座ったときのような気分になりました。

自動車は、「いつでも自分の行きたいときにどこへでも行ける」という意味で、自由を与えてくれる乗り物です。ひとりで歩くことのできない僕にとっては、電動車いすもそれと同じです。

電動車いすユーザーにとって、それは単なる歩行の代替手段ではありません。「移動の自由」という大きな価値をもたらしてくれるのだということに、僕は気づきました。これも、わがこととして経験しないと実感できなかった「発見」のひとつです。

ですから、不慣れな乗り物を「怖い」とは思いませんでした。思ったよりスピードが速かったので、操作は簡単ではありません。でも「うれしい」という気持ちのほうが強くて、早く上手に乗りこなせるようになりたいと思いました。

東京のインフラは案外よくできていた

病院の中で電動車いすの基本的な操作方法を2週間ほどかけて習得すると、次は中庭に出て練習をしました。

広場には舗装された道があり、カーブや坂道などもあるので、まさに自動車教習所の練習コースみたいです。さまざまな操作やスピードにも慣れ、ひとりで移動できるという自信がつきました。

そして7月には、いよいよ公道へ。病院のゲートから、原宿の街に出てみました。原宿は都内でも有数の繁華街ですから、人通りも車の交通量もかなりあります。そういう街を電動車いすで移動している人はほとんど見たことがなかったので、病院から外に出るときには「大丈夫かな?」と少しドキドキしました。

でも実際に出てみると、病院の中庭で練習しているときとあまり変わりません。怖いと感じることもなく、久しぶりに触れた街の空気を味わう余裕もありました。脳出血で倒れてから長く病院の中で過ごしていたので、歩いている人々の姿や街並みの風景がどれも新鮮に見えます。

「こうして自由に移動できれば、活動の幅が広がる」

そう思えて、とてもうれしい気持ちになりました。街の中を自由に移動するという、以前ならばごく当たり前だったことが、とてもすばらしいことに思えたのです。

とはいえ、近所を散策できるというだけでは、本当の意味で移動の自由を手に入れたことにはなりません。ひとりで自立した生活を送るには、もっと遠い場所に行き来する必要があります。

そのためには、電車やバスなどの公共交通機関を利用しなければならないわけですが、僕のような初心者の電動車いすユーザーにとって、これはかなり高いハードルに思えました。

鉄道の駅構内や空港などで電動車いすを使っている人を見かけたことはありますが、「いろいろ大変だろうな」とは思うものの、具体的にどうやって移動しているのかを考えたことはありません。何となく「まだまだ日本社会はバリアフリーが進んでいない」

という思いもありました。

でも、実際にやってみると、それほど大変なことではなかったのです。

初めて電動車いすで公共の交通機関を利用したのは、退院して自宅に戻ってから2、3日後のことです。さすがにひとりでは心配なので、人に付き添ってもらって、バスと電車に乗りました。

でも、とくに困ったことはありません。バスの乗降口はノンステップ（低床で段差がないこと）になっていますし、運転手さんも親切に対応してくれます。

電車も、駅構内はエレベーターで問題なくホームまで移動できました。また、ＪＲ山手線には、電動車いすでも介助なしで乗降できるドアが用意されています。駅員のお世話にならなくても、問題なく目的地まで行けました。

「日本のバリアフリーはまだまだ」と思い込んでいましたが、「東京のインフラは案外よくできているんだな」と認識を改めた次第です。

ベビーカーのためにもバリアフリーの向上を

とはいえ、公共交通機関が車いす利用者にとって申し分のない状態だとはいえません。思っていたよりよくできていたのはたしかですが、不便に感じることは、まだまだあります。

たとえば電車の乗降口は、どのドアからも電動車いすで利用できるわけではありません。僕がよく利用するＪＲ山手線は、1両あたり片側に4カ所のドアがあります。11両編成ですから、全部で44カ所。そのうち、電動車いすで乗り降りできるドアはたったの2カ所です。

ホーム行きエレベーターを降りたところから近い位置にそのドアがあればよいのですが、駅によって構造はさまざまです。そのドアまで距離が遠いと移動に時間がかかりますし、人の多いホームでは危険も大きくなります。

そのタイプのドアがあると便利なのは、僕のような車いすユーザーだけではありません。ベビーカーに赤ちゃんを乗せている人たちも、それがあると移動が楽でしょう。

混んだ電車にベビーカーを持ち込むと文句をつける不寛容な人もいるようですが、多様な生き方や働き方をインクルージョンしなければ、これからの社会は活性化しません。

赤ちゃん連れでも自由にどこにでも行ける環境が整えば、少子化にもいくらか歯止めがかかるでしょう。

そういう意味でも、交通機関のバリアフリー化はもっと進めるべきです。すべてのドアを電動車いす対応にするのは難しいかもしれませんが、せめて現状の2倍ぐらいには増やしてもらいたいと思いました。

また、これはインフラの問題ではありませんが、電動車いすで電車に乗ってみて初めて気づいたのは、「車内での移動が難しい」ということです。

健常者のときは、それについてとくに意識したことはありませんでした。途中の駅で人がたくさん乗り込んでくれば、その流れに合わせて自然と移動していましたし、自分の降りる駅に着けば、開いたドアのほうにすぐ体を向けることができます。

でも電動車いすに乗っていると、そういう細かい動作もいろいろと考えなければスムーズにはできません。僕の車いすはいちばん小型のタイプなので、かなり小回りがききます。しかしそれでも、混んだ車内での移動はやはり難しい。人の流れに合わせて向きを少し変えるだけでも苦労します。

誰かが交通整理をしてくれるわけではないので、駅ごとに変わる乗客たちの動きはなかなか予測がつきません。降りる駅でどちらのドアが開くのかも早めに知っておく必要があります。都内の電車は駅での停車時間が短いので、それに合わせてあらかじめ降りやすい位置に移動しておかないと、間に合わずに乗り過ごしかねません。

公共トイレの鍵の仕組みの違いに気がつく

しかし、そういった苦労も、僕にとっては新たな「発見」です。駅の構造や人の流れなど、いままで気にしたこともなかったことに関心が向き、「なるほど、こうなっているのか」と気づくことができる。

ひとつひとつは小さなことではあっても、毎日のように、そうやって世界の見え方が変わるのは、とても面白い体験なのです。

ただしちょっと困ったのは、病院にある練習用の電動車いすが、左半身がまひした患者用のものだったこと。左手が動かない人が使うので、操作スティックが右側の肘かけについています。僕は右半身まひなので、これは扱いにくい。左手を操作スティックに伸ばすと、不自然な体勢になってしまうのです。

さいわい、左側に操作スティックのある電動車いすをすぐにレンタルできたので、その不自由さは解消されました。しかし、何でも「左利き用」が用意されているわけではないので、利き手側がまひしてしまうといろいろと不便です。

考えてみれば、もともと左利きの人たちは、その不自由さを日常的に感じていたのでしょう。世の中は右利きが圧倒的なマジョリティなので、多くのものが右手で扱いやすくできています。

僕はいままでその点でもマジョリティ側の人間でしたが、病気のせいで否応なく「左利き」というマイノリティになりました。そのおかげで、左利きの人たちが味わっている不便さを実感できたわけです。

知識としては、たとえば左利き用のスポーツ用品や楽器などは値段が高いとか、スープなどを注ぐレードルや急須がほとんど右利き用にできているなど、左利きの不自由さを理解してはいました。でも実際に右手が使えなくなると、思いがけない不便さに気づきます。

とくに意外だったのは、公共トイレの鍵です。たいがいのトイレが、右手で鍵をかけやすい構造になっているのです。これは仕事に復帰してから気づいたことですが、大分空港や羽田空港のトイレがそうでした。僕には鍵をかけられないので、ほかの人が入ってこないよう、同行する職員がドアの前に立っていたこともあります。

APUの学長室があるフロアにも、そういうトイレがありました。ふつうの左利きの人なら右手も使えるので問題はないでしょうが、右手がまったく使えない僕には鍵がかけられない。仕方ないので、復帰から1カ月間ほどは鍵をかけずに使っていました（その後、リモコン操作で鍵をかけられるようにしてもらったので、もう心配はありませんが）。

その一方で、ボタンを押せば鍵がかかるタイプ、ドアを閉じれば自動的に鍵がかかるタイプなど、僕のような障がい者でも鍵をかけやすい公共トイレもありました。

いままでトイレの鍵の仕組みのことなんか考えたこともありませんでしたが、「世の中にはいろんなトイレがあるんやなぁ」と感心してしまいます。

「誰にでも使いやすい」バリアフリーは難しい

しかし、トイレの構造が多様だと困ってしまう人たちもいるようです。これは視覚障がい者の生活事情に詳しい人から聞いたのですが、トイレの構造がまちまちだと、目が見えない人はトイレットペーパーや水洗ボタンの位置がどこなのかわかりにくい。だから、どこのトイレも同じようなレイアウトになっていたほうがありがたいそうです。

なるほど、これも当事者以外はなかなか気づかないことでしょう。鍵も、ボタンを押す仕組みだと、触っただけではわかりにくいかもしれません。「点字で案内すればいい」と思う人もいるでしょうが、じつは点字を読める視覚障がい者はそれほど多くないとのこと。

あらゆるマイノリティの事情に合った「誰にでも使いやすいトイレ」をつくるのも、そう簡単な話ではないのです。

もちろん、それはトイレだけの問題ではありません。人々の利害はあちこちで衝突するので、そこで暮らす全員が満足できるように社会を設計するのは難しい。あるマイノリティのためのバリアフリーが、別のマイノリティにとってのバリアになってしまうこともあります。

たとえば（僕はいまのところそう感じたことはないのですが）視覚障がい者のために敷かれた点字ブロック（視覚障がい者誘導用ブロック）は、路面に段差ができるので、車いすがつっかかってしまって、移動しにくい。そのため、車いすの幅に合わせて点字ブロックの一部を切って通りやすくするといった工夫もされていますが、それはそれで、こんどは視覚障がい者にとっては不便になります。

完全な解決策はまだ見つかっていませんが、まずはそういう問題があることをみんなが認識することが大事なのだと思います。

国土交通省でも、当事者同士の意見交換会などが行われています。段差の生じないゴム製の視覚障がい者誘導マットを研究・開発している企業もあると聞きました。「Ｄ＆Ｉ」の推進には、そういう小さな工夫の積み重ねが必要です。

「威風堂々」が聞こえてきそうだった復帰初日

さて、電動車いすでの移動にも慣れた僕は、２０２２年１月、脳出血で倒れてからおよそ1年後に、学長職に復帰しました。

最初は別府のＡＰＵキャンパスではなく、丸の内にある立命館東京キャンパスでの仕事です。いきなり単身赴任生活に戻るのは不安もあったので、まずは自宅からそこに通い、オンライン会議システムを使って、別府のＡＰＵや京都の立命館大学で開かれる会議に参加する形で職務を再開することにしました。

自宅から丸の内への通勤は付き添いなしです。家族は心配して付き添おうとしましたが、僕にとっての仕事への復帰には、ひとりで公共交通機関を利用して通勤することも含まれていました。そのために、それまでリハビリを頑張ってきたのです。

復帰初日に向けては、事前に何度かリハーサルも行いました。ひとりでＪＲ山手線に乗り、目白駅から東京駅まで行って、東京キャンパスの前まで行く。とくに問題なくできたので、当日は自信を持って職場に向かうことができました。

その日は、別府から学長室長（当時）の村上健《たけし》さんが東京キャンパスに出張してくれていました。僕が本当にひとりで出勤してくるのかどうかを心配していたようです。

それはそうでしょう。倒れて以来、入院中は新型コロナの感染防止もあって、面会もできませんでした。少し前に自宅と大学をオンラインでつないでミーティングをしたことはありましたが、電動車いすで移動する僕と対面するのは初めてです。

落ち着かない村上さんは、約束した時間より少し前に、エレベーターで下まで下りて僕を迎えようとしていたそうです。

ところが、そろそろ迎えに行こうと思っていたときに、突然エレベーターのドアが開いて、電動車いすに乗った僕がスルスルと出てきました。村上さんは「あのときは感動しました」とおっしゃいます。

「初めて見る車いすで、いきなり出口さんがひとりで元気そうにニコニコと現れたので、ビックリしました。意気揚々とされていたので、映画のワンシーンを見ているような感じでしたね（笑）。どこかから行進曲の『威風堂々』が流れてきそうでしたよ」（村上さん）

そんなふうに言われると気恥ずかしいのですが、そう感じてしまうぐらい、職場の仲間がずっと心配してくれていたのはたしかです。

僕自身も、「これでようやく仕事を再開できる」と思ってワクワクしていたので、自然と笑顔になっていたのだと思います。

そして、それから3カ月後の２０２２年3月31日に、僕は東京から別府に戻りました。

翌日の4月1日は、ＡＰＵの入学式。電動車いすでその式典に出席し、新入生を前にスピーチしました。僕は本当の意味でＡＰＵの学長職に復帰しました。

「僕は、去年、脳出血で倒れましたが、早く別府市でみなさんと会いたい思いで、この1年間リハビリを頑張ってきました。今日、別府でみなさんに会えることを心待ちにしてきました。ぜひ、みなさんは、ＡＰＵでたくさんの人と出会い、本を読み、広い世界を旅して、いろんなことにチャレンジしてください」

まさに、この日のために厳しいリハビリに取り組んできたのです。まだ以前のようには話せませんでしたが、僕の思いを学生たちに伝えることができました。

自立とは「人に依存しないこと」ではない

別府では、介護サービス付きのグループホームに住んでいます。要介護状態区分別の状態像でいうと、僕は「要介護３」（7区分あるうちの、重いほうから数えて３番目）

です。

東京と違って公共交通機関が少ないので、通勤は電動車いすごと乗れる介護用タクシーを利用しています。別府にかぎらず、地方都市は車がないと生活しにくいところが多いので、電動車いす利用者にとっては、暮らしやすい環境とはいえません。いちいちタクシーを使っているとコストもかかるし、好きなときに自由に行動することもできません。

自宅は東京にあるとはいえ、別府で生活しているあいだは、「障がい者」と「地方在住者」という二重の意味で、自分がマイノリティなのだと実感します。

また、右半身まひの体では、完全に自立した生活もできません。リハビリのおかげでいろいろなことがひとりでやれるようにはなったものの、入浴や着替えなど、人の手を借りなければできないことがいくつかあります。たとえば、ワイシャツの右袖のボタンは左手で留められますが、左袖は無理。どうしてもサポートが必要です。

しかし考えてみれば、「完全に自立」して生活することなど、誰もできていません。人は、ひとりでは生きていけません。みんな、誰かの世話になり、お互いに依存しながら暮らしています。

「自立とは、依存先を増やすこと」

これは、東京大学先端科学技術研究センター准教授の熊谷晋一郎さんの言葉です。山口県出身の熊谷さんは、生後間もなく脳性まひによって手足が不自由になりました。中学生になってからは車いす生活です。小さい頃から親に依存した生活を送っていたので、「親が死んでしまったら、自分も生きていかれなくなるのではないか」という不安を抱えていたそうです。

そのときに備えてひとり暮らしをしようと思った熊谷さんは、親の反対を押し切って、東京大学に進学しました。そこでひとり暮らしを始めてみると、案外、社会はやさしい場所だと気づいたといいます。

いつの間にか熊谷さんの下宿先の部屋の合い鍵がつくられていて、部屋に帰ると必ず何人かの友達が迎えてくれる。彼らはそこで好き勝手にごはんをつくって食べたりする代わりに、熊谷さんの入浴などを手伝ってくれたそうです。

熊谷さんが依存したのは、友達だけではありません。外出先では、見知らぬ他人にトイレの介助を頼んだりもしました。そうやって依存できる相手を増やしていけば、たとえ親が亡くなっても、ひとりで自立した生活を送ることができる。それが、先ほど紹介した言葉の意味です。

障がい者が日常的なサポートを頼むのは、家族や医療・福祉関係者など、特定の相手になりがちです。それで生活がうまく回っていると、その分、「この人たちがいないと生きていけない」という不安も強くなるでしょう。

でも、自立とは、誰にも依存せずに生きることではありません。誰かに依存している点では健常者も同じことです。依存先がたくさんあると、かえって他人に頼っているように感じない。だから障がい者も、頼る相手をどんどん増やしていくことで、自立することができるのだと思います。

僕も別府で職場に復帰してから、人に手伝ってもらうのがどんどんうまくなっていきました。

たとえば、電動車いすに乗った状態で手元から物を落とすと、自分では床から拾い上げることができません。最初のうちは、そんなことで職員を呼びつけるのは気が引けましたが、遠慮していたのではどうにもならない。いまではすぐに「おーい、誰か助けて～」などと言って、拾ってもらっています。

電動車いす利用者に何ができて何ができないのか、周囲の人たちも想像しただけではわからないことが多いはずです。こちらがはっきり「これは手伝ってほしい」と要望を伝えたほうが、相手も助かるのではないでしょうか。

最優先で取り戻したかったのは「話す力」

もちろん、人の手助けなしに自分でやらなければいけないことは、たくさんあります。とくに「話すこと」と「書くこと」は、機械に全面的に頼るのはまだなかなか難しい。僕は人と会って話をするのが大好きです。学長としてもそれが大切な仕事のひとつです。講演活動もずいぶんやってきました。また、コラムの執筆や、書籍の出版なども続けたい。

言葉を用いて自分の思いを人に伝えることは、僕の人生において不可欠の要素だと、病気になって言葉を失ったことで、あらためて思い知らされました。

言語障がいでうまく話すことができなくなり、利き手が使えなくなったことは、これまでどおりにコミュニケーションや情報発信を続けていくために、乗り越えなければならない大きな壁です。

移動のほうは電動車いすという文明の利器に頼ることで可能になりましたが、「話す」「書く」については、リハビリを続けて克服していくしかありません。そのためリハビリ病院を退院して自宅に戻ってからも、また別府に戻ってからも、週に3日、言語聴覚士の先生にお願いして、リハビリに励んでいます（残りの2日は「身体」のリハビリです）。

僕の言語障がいは、大脳の言語を司る領域に生じた障がいのせいで、言葉を「話す」「聞く」「読む」「書く」という4つの機能のいずれか（場合によってはすべて）がうまくできなくなる「失語症」と呼ばれるものです。

言語障がいには、唇や舌などがまひして言葉を発音しにくくなる「構音障がい」というタイプもありますが、それとは違います。

僕の場合、倒れた当初、相手の話す内容は理解できましたが、自分からは意味のある言葉をほとんど発することができませんでした。頭の中はクリアな状態で、自分が何を言いたいのかはわかっているのですが、言葉が出てこなかったのです。

でも、入院中からずっと続けてきたリハビリのおかげで、かなりスムーズに言葉が出てくるようになりました。

入院中のリハビリを担当してくれた言語聴覚士の先生は、僕が「話す力」を最優先で取り戻したいと思っていることを理解し、それに合った訓練方法を取り入れてくれました。

仕事に復帰していろいろな人と会って喋ることも、良いトレーニングになっています。なかなか自分の言葉が相手に伝わらず、もどかしい思いをすることもありますが、その分、ちゃんと伝わると、とてもうれしい気持ちになる。言葉の大切さを、あらためて日々実感しています。

左手で書く自主リハビリは〈えんぴつで〉シリーズで

左手で文字を書くのも大変です。これについては、先生から指導を受けるリハビリに加えて、ポプラ社が刊行している一連の〈えんぴつで〉シリーズにもお世話になりました。

『えんぴつで万葉集』『えんぴつで論語』『えんぴつで奥の細道』など、薄い色で印刷された文章を鉛筆でなぞり書きすることで古典に親しむというシリーズです。ベストセラーになったので、やったことのある人も多いでしょう。

リハビリを始めて以来、僕はこれを14冊こなしました。入院中の、療法士の先生がついてくれる1日3時間のリハビリ以外の空き時間のほとんどを、この自主訓練にあてたといっていいぐらいです。

これは「書く」ための訓練になるだけではありません。文字を書きながら声に出して読み上げれば、言葉を取り戻すための訓練にもなることに気づきました。

書くことと話すことの両方に役立つという意味で、この〈えんぴつで〉シリーズは僕にとって一石二鳥のリハビリツールでした。

リハビリ開始当初と比べれば、左手でもかなり器用に字を書けるようになったとはいえ、長い文章を書くにはまだまだ相当な時間がかかります。A4サイズの紙1枚を文字で埋めるのに丸一日かかったりするので、書籍用の原稿などはなかなか捗りません。

書きたいことは頭の中に山ほど詰まっているのに、それを少しずつしか表現できない。いまのところ、僕にとってはそれがいちばんのストレスです。

ちなみに、右手が使えないことでもどかしい思いをするのは、「書く」ことだけではありません。大好きな本を「読む」ときも、これはじつに不便です。

いままでは左手に本を持ち、右手でページをめくっていました。でも、いまは本を机などの上に置いて、左手でめくっています。

やってみればおわかりになると思いますが、利き手と反対の手でページをめくるのは意外に難しい。最初のうちは、文章を読むスピードは前と同じなのに、次のページに進むのに時間がかかりました。早く続きを読みたいのに、いちいちブレーキがかかってしまうので、ちょっとイライラしてしまいます。

ようやく慣れてきて、早くめくれるようになってきましたが、半身まひによる不便というのは、日常生活の思いがけないところで顔を出します。

起きた変化を「なかったこと」にはできない

そういったことも含めて、仕事には復帰しても、すべてが倒れる以前の状態に戻ったわけではありません。命に関わるような病気で倒れたのですから、当然のことです。話すことも書くことも、時間をかけて訓練すればどんどんうまくできるようになっていくはずですが、新たに得た「障がい者」という属性がなくなることはありません。

人が遭遇する逆境の中には、それ以前の順境と同じ状態に戻せるものもあるでしょう。たとえば災害や事故で壊れた建物は、復旧できることもあります。

しかし、僕の場合もそうですが、逆境の多くは完全に「元どおり」にはなりません。戻れるものなら前のように戻りたいとは、僕だって思いますが、どうやっても元どおりにはならないことを「元に戻したい」と願っても、空しく時間が過ぎるばかりです。

逆境に直面するということは、環境が変化したということです。その変化を「なかったこと」にはできません。元に戻そうとするのではなく、いかに自分の暮らし方や考え方を環境の変化に合わせて変えていくかが大事だと思います。

変化に対応して何かを変えたとしても、自分が自分であることに変わりはありません。

障がい者という属性を持っても、僕は以前と変わらぬ僕です。

だから、仕事に復帰して、歩けなくなり、右手が動かなくなり、言葉もスムーズに出てこなくなった姿で、人前に出ることを、恥ずかしいとはまったく思いませんでした。

80億人の中での位置がほんの少し変わっただけ

属性が変化したといっても、社会全体の中で見れば、誤差のようなポジションの変化です。いま世界には約80億人の人類が生きていますが、その中で立っている位置が、病気の前と後でほんの少し変わっただけのことだと思っています。

それに、たとえ今回のような病気にならなくても、70歳を過ぎれば誰でも自然といろいろなことが右肩下がりに衰えていくものです。体力も、気力も、記憶力も、食欲も、若い頃に比べれば下がるのが当たり前です。

健常者としての老化に比べれば低下のスピードが速かったというだけで、どうせ下がっていくので、僕の人生全体から見ても誤差の範囲みたいなものです。

もっとも、周囲の人々はそう思わないかもしれません。それまで立って歩いていた人が、急に車いすで移動するようになったので、昔から僕を知っている人たちにとっても、ある意味で「環境の変化」が起きたといえるでしょう。僕という人間そのものが大きく変化してしまったように感じた人もいるだろうと思います。

そうなると、周囲との関係性も変わる可能性があります。一般的に、車いすや白杖《はくじょう》などの利用者は、ひと目で「障がい者」だとわかりますから、周囲は腫れ物に触るように扱いがちです。

本人は元気いっぱいなのに、入院中の重病患者を見舞うような態度で接する人も多いかもしれません。実際は社会的な立ち位置に大きな違いはないのに、そこには高い壁があるように感じてしまうのです。

障がい者の姿を目にする機会が少なすぎる

障がい者と健常者のあいだにそのような壁が生まれてしまうのは、マジョリティの側がマイノリティの存在に「慣れていない」ことがいちばんの理由だと思います。

たとえばＡＰＵの職員たちは、学長の僕が電動車いすを使っていることにも、あまりうまく話せないことにも、とっくに慣れています。だから、僕が健常者だったときと同じように接してくれます。

「学長は障がい者だからこれぐらいにしておこう」などと気遣って仕事を減らされたら寂しい思いをするでしょうが、そんなことはありません。以前と同様、容赦なくどんどん仕事を入れてくれるので、スケジュール表はいつも埋まっています（もちろん体調や体力のことは考慮してくれますが）。

しかし日頃から障がい者と接していない人は慣れていないので、接し方がよくわかりません。健常者の自分との違いばかり気にするので、相手にかかる負担を必要以上に意識して、遠慮してしまうのです。これだと、障がい者のインクルージョンや社会進出はなかなか進みません。

世間の人たちがその存在に慣れて、遠慮せずにつき合えるようになるには、僕のようなマイノリティがもっと外に出ていくべきだと思います。いまの社会は、障がい者の姿を目にする機会が少なすぎるのではないでしょうか。

僕は電車にもバスにも飛行機にも乗りますが、自分と同じように電動車いすを使っている乗客はあまり目にしません。本当は大勢いるはずなのに、積極的に外に出かけない人が多いということなのでしょうか。

もちろん、介助サービスやインフラなど世の中のバリアフリーがもっと進まないと、外出しにくい面もあるとは思います。でも、これは卵と鶏みたいなものです。車いすで外出する人が増えることで、どんなサービスやインフラが足りないのかが広く認識され、バリアフリーが進むという面もあります。

なかには、「いかにも障がい者という姿で外に出るのは抵抗がある」と思っている人たちもいるかもしれません。でも、それもお互いの「慣れ」の問題ではないでしょうか。障がい者の姿を見かけるのが当たり前になれば、健常者がいちいちそれを過剰に意識することはなくなります。そうなれば、障がい者の側も抵抗感がなくなるにちがいありません。

外国人がいることが当たり前の風景になった別府

同じことは、「外国人」というマイノリティについてもいえます。

僕が学長になる前の話ですが、別府という地方都市にＡＰＵができた当初は、大勢の外国人留学生たちが、地元の人々から奇異の目で見られたそうです。居心地の悪いアウェイ感を味わった学生も少なくないでしょう。

でも、２０００年の開学から20年以上が経ったいまは、それもなくなりました。常に３０００人もの若い外国人が毎日バスで通学し、街で買い物や食事などをする姿を見ていれば、それが当たり前の風景になる。まさに環境の変化に合わせて人の意識も変わるわけです。

障がい者も、めったに街で会わない状態が続いたのでは、それに慣れることができません。毎日のように見かけたり接したりすれば、何ができて何ができないのか、何が不便で何が便利なのかといったことも理解されるようになります。

そうすれば社会の受け入れ態勢も向上して、さらに障がい者が外に出ていきやすくなる。そのような好循環を起こすことで、マイノリティのインクルージョンが進むのだろうと思います。

日本は、女性や障がい者の社会進出の度合いが、残念ながら世界の平均を下回る水準です。それでも、女性の社会進出については、障がい者に比べれば世の中の意識がかなり高まってきました。

たとえばテレビのニュースなどで公的な会議や会合の様子を見たとき、そこに集まっているのがネクタイを締めた男性ばかりだと、「女の人がいない」と違和感を抱く人が増えたのではないでしょうか。

昔はそれが当たり前の風景でしたが、いまは違います。外国のニュースで、女性政治家たちが活躍する姿を見慣れたせいもあるでしょう。ヨーロッパには、首相や外相など政府の重要ポストを女性が担っている国が少なくありません。それに慣れてくると、女性の少ない日本の状況が異様なものにさえ感じられるようになるのです。

数字の上ではまだまだですが、そういう意識の変化が女性の社会進出を促す面は間違いなくあるでしょう。

障がい者も、それと同じようにしなければいけません。だから僕は、不自由な自分の姿をどんどん外に出して見てもらおうと思います。大学の学長というポジションにある僕が、電動車いすに乗って元気に活躍するのを見れば、人々の意識も少しは変わるでしよう。

しかも前にお話ししたとおり、僕が学長を務めるＡＰＵは、ダイバーシティとインクルージョンを大切にする大学です。僕がいまのような「逆境」に出会ったのは、ささやかながらも社会に良い変化をもたらすための、運命だったのかもしれません。

参考文献

ＮＨＫ福祉情報サイト ハートネット「あなたは優位な立場かもしれない　気づきにくい〝特権〟とは」２０２２年８月10日　https://www.nhk.or.jp/heart-net/article/674/

盛山和夫『リベラリズムとは何か　ロールズと正義の論理』（勁草書房）

全国大学生協連ウェブサイト　熊谷晋一郎「自立とは『依存先を増やすこと』」https://www.univcoop.or.jp/parents/kyosai/parents_guide01.html

出口治明『復活への底力　運命を受け入れ、前向きに生きる』（講談社現代新書）

出口治明『日本の伸びしろ　悲観を成長に変える思考力』（文春新書）

第2章　やりたいことがあれば、立ち直れる

「落ち込まずに済む知力」を手に入れた

「気持ちの落ち込みをどのように克服されたのですか？」

突然の入院から、厳しいリハビリを経て学長職に復帰した僕は、しばしばそんな質問を受けました。

入院自体が初めての経験でしたし、障がい者として車いす生活になるというのはめったに起きない激変ですから、精神的なショックが大きかっただろうと思われるのも無理はありません。そこから復帰するには、そのショックを乗り越えるだけの強い精神力が必要なはずだ――多くの人がそう考えるのだと思います。

でも、僕は今回の病気で「落ち込む」とか「ふさぎ込む」といったことがまったくありませんでした。

たしかに、体が思うように動かせず、言葉も出てこないとわかったときは驚きましたし、ショックも受けました。でもそこで考えたのは、「どうすれば仕事に戻れるか」ということだけでした。

「どうしてこんなことになったんだ」とか「自分はもう終わりかもしれない」などと思い悩んだことはありません。なかなか信じてもらえないのですが、これは本当にそうなのです。

振り返って考えれば、もともと僕は落ち込まないタイプの人間だったのでしょう。これまで経験した挫折や逆境を振り返っても、精神的に落ち込んだのは、小学生時代の失恋経験ぐらいしか思い出せません。

失恋といっても、告白もしていないので、かわいいといえばかわいい話です。

6年生のときでした。好きなクラスメイトがいたのですが、告白どころか声もかけられない。でも彼女（ミホコさんという名でした）は、僕の顔を見るとニッコリと微笑んでくれます。それがうれしくて、「ミホコさんは僕を見ると笑ってくれるんや」と親友に自慢しました。

ところがその親友が、「ああ、あの子はおれにもニッコリしてくれるで」と言うではありませんか。そうか、ミホコさんは誰にでも微笑みかけるんや……。自分が彼女にとって特別な存在ではないとわかり、強いショックを受けた僕は、それからしばらく、学校から帰ると家に閉じこもって過ごす日が続きました。

落ち込んだということで、記憶に強く残っているのはその一件だけです。子ども時代の日々は失敗の連続ですから、人に負けて悔しくて泣いたり、叱られてふさぎ込んだりしたことも、きっとたくさんあったのでしょう。でも大人になってからの僕は、何があってもあまり落ち込まなくなりました。

それは、成長するにつれて気持ちが強くなったということでもないと思います。幼い頃といちばん違うのは、人生経験や読書などを通じて知恵や知識が身につき、物事をよく考える力がついたことでしょう。

「落ち込みを克服する精神力」ではなく、「落ち込まずに済む知力」を手に入れたことが、僕にとっての成長だったのだと思います。

ちなみに、ドイツの偉大な哲学者フリードリヒ・ニーチェは、「失恋することで人間は寛容になる」という言葉を残しました。有名な「神は死んだ」という宣言や「永劫回帰」「超人」などの思想で力強いイメージのあるニーチェですが、どうやら実生活では女性にフラれまくっていたようです。

小学生時代にこの知識があれば、僕もミホコさんへの失恋に落ち込むことはなかったかもしれません。

トップと衝突して左遷された会社員時代

病気で倒れるまで、大人になってからの僕にとって最大の挫折は、会社員時代の左遷でした。40代後半、日本生命で国際業務部長として仕事をしていた僕は、ある案件で社長と衝突してしまい、営業部門に飛ばされたのです。

国際業務部長になる前、僕はロンドン事務所に勤務していました。そこでの仕事を通じて確信したのは、「これからの保険業界は不可逆的にグローバリゼーションが進むから、それに備えなければならない」ということです。

その信念を抱いて国際業務部長となった僕は、１９９６年の段階で、「２０２０年には収益と売上の2割を海外から稼ぐ会社にしなければいけない」と考えました。そこで「グローバル20」と名づけた計画を役員会に提出したのです。

20年以上も先を見通した話なので、すぐには理解してもらえませんでした。ずいぶん反対意見も聞かされました。でも最終的には役員会でゴーサインが出たので、僕は大いに張り切ったものです。

ところが、そのタイミングで社長が交代しました。当時は、バブル経済の崩壊から間もない時期です。日本経済全体の先行きが不透明で、ビジネスの世界は不安に包まれていました。

だからこそ僕の企画は役員会でも反対意見があったわけですが、新社長はとりわけ慎重派でした。「いまは国内の業務に専心注力してセールスを増やし、基盤を固めるべきだ」という方針を打ち出しました。

そのため、いったんゴーサインが出た僕の企画もお蔵入りにすると言います。「こんな大変なときに海外進出なんて、そんな夢みたいなことを言うな」ということでした。

でも、僕としては納得がいきません。新社長の意見は、たしかに短期的な見地からは至極ごもっともです。しかし当時の日本生命は、世界でも有数の保険会社でした。

そういう会社だからこそ、グローバリゼーションに備えて長期的な見地から種をまいておくべきだろう――それが僕の考え方だったので、こう言って食い下がりました。

「海外に目を向けていかなければ、現在の規模をキープできないのは明らかです。百年の計を考えれば、ここは決まった方針を変えるべきではありません」

新社長は、僕の意見に耳を貸そうとはしませんでした。こうして激しくトップと衝突した僕は、国際業務部長を解任され、営業部門へ左遷されたのです。

それまで順調に出世してきたサラリーマンにとって、これはかなり大きな挫折といえます。じつは、同期の中で最初に部長職に就いたのは僕でした。そこにいたるまでには苦労もありましたが、傍から見れば順風満帆、人も羨むような順境にあったわけです。

でも、この年齢で左遷されたら、もう、会社のトップにまで上り詰めることはできません。日本生命での出世の道が絶たれたどころか、55歳のときには実質的な子会社であるビル管理会社に出向となってしまいました。

イスラム帝国躍進の立役者でありながら左遷された武将

でも僕は、大して落ち込みませんでした。左遷を冷静に受け止めることができた理由のひとつは、ある歴史上の人物を思い出したことです。

それは7世紀のイスラム初期に活躍した武将ハーリド・イブン・アル＝ワリードです。のちに「アッラーの剣」と称されるようになるハーリドは、もともとはメッカのクライシュ族に従う騎兵隊長で、初期のイスラム軍との戦いにも従軍しています。

６２５年の「ウフドの戦い」では、預言者ムハンマドを負傷させました。しかしのちにクライシュ族とムハンマドのあいだに和議が成立すると、ハーリドもイスラムに改宗します。

アラブ世界を統一したムハンマドは、６２９年に軍勢をシリアに派遣しましたが、イスラム軍は東ローマ帝国軍に敗北、危うく全滅するところでした。しかし、ハーリドは見事な統率力で敵中突破を成功させ、イスラム軍を無事に撤退させました。

これに感心したムハンマドがハーリドに、「アッラーの剣」という異名を与えたのです。

ムハンマドの死後、ハーリドは初代カリフのアブー＝バクルから統帥権を与えられ、イスラム帝国の大躍進を支えました。

まずはペルシャ帝国の支配下にあったメソポタミアに侵入し、その南部を占領します。

さらに東ローマ帝国との雌雄を決する「ヤルムークの戦い」（６３６年）にも勝利を収め、北シリアやエルサレムまで征服しました。

その後も輝かしい戦績を上げたハーリドですが、活躍しすぎると妬みを買うのは人の世の常です。第2代カリフのウマルに疎まれたハーリドは、金銭を不正に着服した疑惑をかけられ、軍の指揮官を罷免されました。まさに、左遷です。それから1年も経たないうちに、ハーリドは亡くなってしまいました。

イスラム帝国躍進の立役者といえるほどの功績を上げても、トップと相性が悪ければ左遷されてしまう。それと比べたら、自分の左遷など大したことではありません。

ハーリドのほかにも、歴史の中にはそんな話がたくさんあります。どんなに優秀な人物でも、運や偶然で出世の道が絶たれることはあるのです。

『君主論』で有名なマキャベリもそうでした。彼は、１４９４年にメディチ家が追放された後、フィレンツェ共和国で優秀な官僚として働いていましたが、メディチ家が復権すると政府での職を失います。

何度も再登用を願い出ましたが、メディチ家から見れば、自分たちを追放した共和国政府の要職に就いていたマキャベリは敵でしかありません。そのため、望みは叶いませんでした。

僕が左遷されたのも、無能だったからでも失敗をしたからでもなく、たまたま新しい企画を始めようとしたときに、それを認めない人が社長になったというだけのことです。そう考えたので、人事異動の辞令も、もらってからすぐに、「まあ、仕方ない」と受け入れることができました。

左遷されたからこそ生まれた古典的名作の数々

簡単な算数の問題として考えても、会社での左遷は深刻に落ち込むようなことではありません。

というのも、日本生命には僕と同期入社の社員が200人いました。その中に、社長になるレースに最後まで残れる人間がどれだけいるか。

社長が毎年交代するとしても、確率は200分の1、それだけでも低い確率です。実際には、社長の任期はおおむね5年、つまり、社長になれるのは200人×5年＝10

００人に１人にすぎません。残りの９９９人は、キャリアのどこかで出世レースに負けるわけです。

そんなに確率の低い競争に、能力や努力だけで勝てるわけがありません。ならば、部長の段階で左遷されたとしても、とくに落ち込むようなことではありません。「数字・ファクト・ロジック」で考えれば、自然にたどりつける結論です。

それに、左遷はたしかに逆境ではありますが、それを次の順境へ転じるための好機ととらえることもできます。先ほど紹介したマキャベリが『君主論』を執筆したのは、政府を追われ、田舎で隠遁生活を強いられていたときでした。

ほかにも、中国の漢詩をはじめ、古典作品の中には作者が左遷されているときに書かれたものがたくさんあります。左遷によって時間ができたからこそ、後世に残るような著作を残すことができた。順調に出世を続けていたら、仕事が忙しくてそんな余裕はありません。

僕も、左遷されてからは自由に使える時間が増えたので、大好きな本をたくさん読むことができましたし、あちこちを旅して回ることもできました。そこで得た知識や経験は、のちの人生を豊かにしてくれる財産となっています。

また、『生命保険入門』という初めての著作を岩波書店から出してもらったのも、その時期のことでした。もちろんマキャベリの『君主論』のような古典的名作ではありませんが、左遷されていなければそのような本を書くことはなかったでしょう。

そういう経験がなければ、60歳でライフネット生命を起業することもなかったと思います。さらにいえば、いま70代でＡＰＵの学長を務めていることもあり得ません。

それもこれも、運と偶然によってもたらされた左遷のおかげです。何かに挫折したからといって、落ち込む必要はない。結果的に「面白い」と思える人生になればいいわけですし、人生は必ずそうなると僕は思うのです。

落ち込んでいる時間がもったいない

僕が病気や身体障がいといった逆境で、精神的に落ち込まなかったのは、もうひとつ、性格的な理由があるのかもしれません。

僕は、自他共に認める「せっかち」です。いまできることは後回しにしないで処理したいし、何か思いついたらすぐ行動に移さないと気が済みません。

以前、コロナ禍の影響でアルバイト収入がなくなったＡＰＵの留学生から、「学費納入期限を延ばしてもらえないでしょうか」と相談を受けたときは、その場で「わかりました、検討させます」と答えて、すぐに学内の関係部署に足を運んで「ちょっと聞いてくれる？」と相談を持ちかけました。

ちょうどそのときはテレビ局の密着取材を受けていて、オンエアではその場面も使われたので、ご覧になった方もいるかもしれません。

学生の訴えを聞いた僕がすぐに立ち上がって学長室から出ていったので、担当ディレクターに「どちらへ行かれるんですか？」と驚かれたのを覚えています。

担当職員に検討を依頼した後、僕はまたすぐに学生のところに戻り、「お願いしておいたので連絡を待ってください」と伝えました。

そうやって、いま発生した案件はいま片づけておかないと、落ち着いてほかの仕事ができないのです。

自分が何でも「すぐやる」だけでなく、人に仕事を頼むときも「すぐやっといて」が口癖なので、職員は大変かもしれません。

僕はツイッターやフェイスブックなどのＳＮＳをやっています。学内などで広く紹介したいことを見つけると写真を撮り、すぐにスマートフォンで広報スタッフに送って「すぐＳＮＳに上げといてください」と頼みます。

さらに、アップされたかどうか気になるので、15分も経つと「もうやってくれました？」と確認してしまいます。ほかの仕事の手を止めさせて申し訳ないとは思うのですが、これはもう僕の性分なので仕方がありません。

では、なぜ「せっかち」だと「落ち込まない」のかといえば、答えは簡単、時間がもったいないから、です。

２０２１年1月に病気で倒れたとき、僕にはＡＰＵの学長としてどうしてもやりたい仕事がありました。だから、とにかく早く大学に戻りたい。でも、復帰のための治療やリハビリにはどうしても時間がかかります。それをクリアして復帰しようと思ったら、グズグズと落ち込んでいる暇はありません。

やりたいことを早く再開したいなら、リハビリの時間を早く、少しでも多く確保するしかなく、「なぜこんなことになったんだ……」とクヨクヨ思い悩んでいる時間はない、というのはごく簡単な算数です。

仕事に戻ることが、僕にとっての「当たり前」だった

もちろん、世の中には僕のようなせっかちな人間もいれば、のんびりした性格の人もいます。僕はこの性格のおかげで落ち込まずに済みましたが、誰にでも「逆境を迎えたらせっかちになれ」などと言いたいわけではありません。

いちばん大事なのは、性格ではなく、自分の中に「やりたいこと」があるかどうかなのだと思います。

のんびりした性格の人でも、何か「これだけはやり遂げたい」ということがあれば、逆境から早く立ち直ることができるのではないでしょうか。

逆に、「どうしても学長職に復帰して仕事を続けたい」という目標がなければ、いくらせっかちな僕でも、すぐにリハビリを頑張ろうという気分にはならなかったかもしれません。

僕は講演などでよく、「人は思いがあれば、なかなか死ねない」と話してきました。今回、まさに自分でそれを体現することになったと思っています。

当時すでに72歳だった人間が脳出血で倒れて入院したのですから、ふつうなら、周囲の人たちは「残念だけどこのまま引退ということになるのかな」と思うところです。

でも僕の場合、後でお話しするように、どうしても学長としてやり遂げたいプロジェクトがありました。それ以前に、倒れた直後から、「仕事に戻ることが、僕の人生にとっては当たり前」と思い、それを疑うことはありませんでした。

大学の職員たちも「学長はきっと戻ってくるだろう」と思っていたそうです。日頃から僕のことを見ていたので、そんなことで復職を断念するとは思えなかったのでしょう。

僕が倒れたという第一報が大学に入ったとき、当時の学長室長の村上さんは、「原因が脳なのか心臓なのかもわからなかった」そうです。なにしろ突然のことだったので、正確な情報が伝わるまでには時間がかかりました。

「脳出血で命には別条がないとわかった段階で、もちろん心配はしましたが、出口さんは戻ってくるだろうと感じていました。というか、それ以外の選択肢が思い浮かばないんですよ。いまから考えると、70代で脳出血になればふつうはかなり厳しい状況になるわけですが、そのとき出口さんの年齢のことは考えていなかったですね」（村上さん）

いつもメディア対応などでお世話になっている学長室広報担当のジョーンズ佳世子さんも、「戻ってきてもらわないと困りますし、出口さんのことだから当然戻ってくるだろうという確信がありました」と言います。

「病気になる前から、出口さんは一貫して『どんな状況も受け入れる』『川の流れに身を任せて生きていけばいい』とおっしゃっていましたから、きっと落ち込んではいないだろうと思っていました。ご本人の情報がなかなか入ってこないので、どういう状態なのかはよくわからなかったのですが、絶望なんかせず、復帰に向けて何かやられているはずだと思えたんです」（ジョーンズさん）

「復帰すればみんなに迷惑がかかる」と思わなかった理由

もっとも、僕自身は言語障がいのため電話で彼らと直接話すこともできず、情報は僕の家族から間接的に入るだけという状態が長く続きました。コロナ禍だったので、病院に面会に来ることもできません。

退院後も、僕がどのように過ごしているのか職員たちにはよくわかっていなかったそうです。ジョーンズさんは、僕が退屈しているのではないかと思って、中国で流行っている歴史ドラマのＤＶＤを自宅に送ってくれました。

「以前、出口さんは中国の歴史ドラマのレビューを書く仕事をされていたので、ご興味があるかと思ったんです。でも奥様からいただいたお返事によると、いまは食事やトイレ、入浴など生活のすべてがリハビリなので、ＤＶＤを見ている余裕がないとのことでした。そのときは、あらためて事態の深刻さを認識しましたね」（ジョーンズさん）

それでも、職場の仲間たちが僕の復帰を半ば当然のことと考えて待ってくれていたのは、じつにありがたいことでした。僕がまだまだＡＰＵでやりたいと思っている仕事を、職員たちも「学長がやってくれるはずだ」と思ってくれていたのです。

僕も、職員たちとそういう気持ちを共有していると信じていたので、復帰に迷いはありませんでした。

学長が電動車いすに乗って仕事をするようになれば、職場の環境や職員の対応も何かしら変わらざるを得ません。それによって「みんなに迷惑をかけるかもしれない」と思っていたら、多少なりとも躊躇があったと思います。

でも僕は、そうは思いませんでした。職員たちが僕の復帰を信じていたのと同じように、僕もみんなが自分を待ってくれていると思えたからです。

それに、ＡＰＵという大学にとって、「車いすの学長」はある意味で相性がいいともいえます。ジョーンズさんと同じく広報業務を担当している井口昌哉さんは、それについてこんなことを話してくれました。

「ＡＰＵ自体がダイバーシティやインクルージョンという言葉を掲げているわけですから、車いすの学長を受け入れないわけがありません。以前と同じようにはできないことはいろいろあるでしょうが、それに合わせて大学や私たち職員が変わればいいだけのことです。出口さんを受け入れる環境が整えば、それはＡＰＵが成長したということ。その意味で、私たちにとっても、取り組みがいのあるチャレンジだと思っています」

僕の復帰は迷惑どころか、彼らにとっては腕が鳴るような面白いチャンスだったのかもしれません。いずれにしろ、そういった職員たちの期待に応えるためにも、落ち込んでいる場合ではなかったのです。

「第2の開学」を迎えたAPU

2023年4月、APUは大きな節目を迎えました。僕たちが「第2の開学」と位置づけた大きなプロジェクトです。

それに向けたさまざまな作業が急ピッチで進む中で、僕は病気になってしまいました。学長としては、いつまでも休んではいられません。このプロジェクトが、僕がどうしても早く学長としての仕事を再開したかった最大の理由のひとつでした。

「第2の開学」のメインプロジェクトのひとつが、2000年にAPUが開学してから初めてとなる、新学部の開設です。

APUは、開学当初から「アジア太平洋学部」と「国際経営学部」の2学部体制でやっていました。学生の半分が外国人留学生というだけでもベンチャー精神にあふれた大学ですが、開学から20年が経ち、着実に成果を上げてきたので、次のチャレンジをする段階を迎えていました。

2018年に学長に就任した僕は、より広範な「知」を提供する場を目指したいという思いもあって、翌2019年に新学部の開設を検討するプロジェクトをスタートさせました。そこで具体化したのが、持続可能な地域開発と観光について学ぶ新しい学部です。

その名も「サステイナビリティ観光学部」。プロジェクトは順調に進み、当初は2022年の開設を予定していましたが、コロナ禍の影響で1年延期せざるを得なくなり、2023年4月にスタートすることになったのです。

複雑な時代だからこそ「解を出す」にこだわる

「第2の開学」のもうひとつのメインプロジェクトは、新しい教学棟「グリーンコモンズ」と、国際教育寮「APハウス5」という2つの建物を建設したことです。

「グリーンコモンズ」は、カーボンゼロ社会を目指して、中央部分に大分県産の杉材を活用しています。国内の大学としては初めての、大規模木造建築です。

「APハウス5」では、寮生以外の学生も含め、地域・企業など多様な方々との交流ができる空間やプログラムを展開していく予定です。

そして新棟もでき、3学部体制となったこれからは、「解を出す」ことを追求したいと思っています。

これまでAPUは、「ダイバーシティ」と「インクルージョン」を掲げ、「混ぜる」ことにこだわってきました。そこに「解を出す」ことを加えたい。

ロシアのウクライナ侵攻や気候変動など、現代の世界が抱える課題は複雑に絡み合っていて、すべての当事者が納得できる解などないといえます。

そんな状況だからこそ、僕は「解を出す」ことにこだわる必要があると思っています。解がないといって立ち止まっていては、何も始まりません。

「第2の開学」に際して、僕は「明確な解がない中で自分が信じる解を導きだし、それが解として正解なのか実際に行動してもらいたいと思います。時には失敗することもあるでしょう。それでもいいのです。そんなときは立ち上がり、また前を向いて試行錯誤すればいいだけです」という学長メッセージを発表しました。

これは、逆境を生き抜くために大事な姿勢であるとも思います。

新学部が、持続可能な社会について学ぶだけではなく、「観光」という切り口を加えたのには、いくつもの理由がありました。

まず、いまは国が「観光立国」を掲げてインバウンドに積極的ですし、APUのある九州地方や大分県も協力してそれに取り組んでいます。

また、APUは別府という世界有数の温泉地にあります。アジア太平洋学部は2018年以降、国連世界観光機関（UNWTO）の観光教育認証（TedQual）を取得しています。TedQualとは、観光学教育・研究プログラムの質の向上を目的とするもので、観光学プログラムを持つ著名な大学や教育機関が認証を受けています。アジア太平洋学部も、4つの学修分野のひとつとして観光学分野を設けてきました。

この「地の利」をより大きく生かすことができるのが、新たに開設されたサステイナビリティ観光学部です。観光は地元のみなさんにとっても大事なものなので、新学部の創設を、地元の方も喜んで迎えてくれました。

サステイナビリティ観光学部が目指すもの

ただし、この「サステイナビリティ観光学部」は、従来の観光系学部とはひと味もふた味も違います。

ちなみに２０２２年９月にはアメリカの名門スタンフォード大学が70年ぶりに新学部を創設しましたが、その名称が「サステイナビリティ学部」です。

「サステイナビリティ」という言葉はＳＤＧｓなどを通じて広く人口に膾炙《かいしゃ》しましたが、それを冠する学部は、いまのところスタンフォードとＡＰＵの２つだけです。

スタンフォードは気候変動からのアプローチなので、ＡＰＵとは内容が異なるのでしょうが、「持続可能な社会をいかに実現するか」という点では、考えていることは同じだと思います。

開設にあたっては、次のような理念を掲げました。

「サステイナブルであるものは観光であり、また観光はサステイナブルである」

ちょっと考えさせるフレーズですが、そんなに難しい話ではありません。

一般に、持続可能な社会を実現するためには、「環境・社会・経済・文化」という４

つの要素が必要とされています。

サステイナビリティと聞くと二酸化炭素による地球温暖化や海洋プラスチック問題など「環境」のことに目が向きがちですが、僕たちの社会を持続可能にするには、平等で公正な社会制度の構築や経済的な豊かさ、そして多様な文化の継続・発展なども欠かせません。

これまでは、多くの大学が、理工系学部で環境問題を中心に持続可能性を研究してきました。それに対して、社会・経済・文化といった文系からのアプローチによって循環型地域社会のあり方を考えるのが、ＡＰＵのサステイナビリティ観光学部です。

ですから、先ほど紹介した理念の背景には、たんなる観光だけでなく、地域開発も重視する姿勢があります。

ＡＰＵの地元である大分県の別府も、新型コロナウイルスの影響でインバウンド客が大きく減少しました。このような観光は、持続可能ではありません。

観光が、いままでのように一過性のものでなく持続可能なものになることで、地域を支え、社会をもっと発展させていくことができます。

パンデミックや自然災害などは今後もいつ起きるかわからない不確定な要素です。それに対応できるようなサステイナビリティを持つ観光や地域開発を進めるにはどうすべきかを、考えていく必要があります。その先頭に立つのが、ＡＰＵのサステイナビリティ観光学部だと思っています。

ちなみに、新学部の名称は英語だと「College of Sustainability and Tourism」です。日本語で「観光」の部分は、「サイトシーイング」ではなく「ツーリズム」としました。「サイトシーイング」は名所旧跡を訪れる一般的な観光旅行のイメージですが、「ツーリズム」はそれよりも広い意味を持つ言葉です。「サイトシーイング」も含めた旅行全般を指すので、訪れた土地での生活体験などもそこには含まれます。日本語では、「旅行」よりも「旅」としたほうがツーリズムに近いかもしれません。

最近は「体験型観光」という言葉もよく見聞きするようになりました。これからの旅行では、現地の人々との触れ合い、その地域の文化や生活習慣、伝統など、さまざまな生の体験を楽しむことが求められるようになると思います。

ツーリズムとしての観光は、地域の新たな価値創造であり、持続可能な地域振興そのものです。

若者には旅＝ツーリズムを人生の基礎にしてほしい

多くの外国人留学生を受け入れているＡＰＵは、それ自体がもともと「ツーリズム」に基づいた大学だという言い方もできます。僕は、初めてＡＰＵの学食を訪れたときの驚きをいまでも忘れることができません。

僕がヘッドハンターからメールを受け取り、自分がＡＰＵの学長ポストに推挙されているのを知ったのは、２０１７年9月のことです。

日本で初めて学長を国際公募しているとのことで、それだけでもユニークな大学だと感じました。１回目は東京で、２回目は別府で面接がありました。その年の10月にＡＰＵに初めて行きました。

ランチを取るために学食に入った瞬間に、僕はビックリしてしまいました。世界中から来た、肌の色も話す言語もさまざまな学生たちが、活気に満ちた会話をくり広げていたのです。そんな光景をそれまでは日本で見たことがありませんでした。まるで「小さな地球」がそこにあるかのようです。

「ここは若者の国連やな」——すぐに、そんな印象を持ちました。

僕は日頃から、人生を豊かにする知恵や知識の源泉として「人・本・旅」の3つを掲げているほど、旅が好きです。若い頃から最低でも年に2回、長い休みを取って世界各地を旅してきました。

そんなペースで海外を渡り歩いても、行ったことのある国や地域は80カ国程度です。しかしAPUに通う学生たちの出身地は、それよりもはるかに多く、現時点（2023年4月）では107カ国です。

留学生たちは、APUでさまざまな経験を積み、日本という国への理解も大いに深めた上で、卒業後はまた世界中に散らばっていきます。母国に戻る人もいれば、別の国で仕事に就く人もいます。もちろん、そのまま日本に留まる人もいます。まさにツーリズムが、彼らの人生の基礎になるわけです。

そう考えると、新設のサステイナビリティ観光学部は、じつにAPUらしい学部といえます。「旅」が大好きな学長としても、これは本当にやりがいのある新事業でした。

だからこそ、一日でも早くＡＰＵに戻りたかったのです。

２０２１年11月に新学部開設を発表したときには、僕はまだ東京の自宅で療養中で、会見に出席することはできませんでした。ですが、２０２２年９月に多くの報道関係者を迎えて行った記者発表会には学長として出席し、スピーチをすることもできました。

こうして「ツーリズム」を掲げる学部を新設したからには、僕自身も大好きな「旅」を早く再開したいものです。東京と大分を結ぶ国内線で、すでに飛行機での移動は経験済みです。コロナ禍も落ち着いてきたので、電動車いすでも世界各地へ飛んでいけるでしょう。

もちろん、これまでにはない準備が必要になるので、それなりにハードルは高いだろうと思います。そんな「逆境」は、再び旅ができる喜びに比べたら、まったく苦になりません。

まずは、いちばん好きな「永遠の都」ローマがいいかな……などとワクワクしながら考えているところです。

参考文献

幻冬舎plus　出口治明「挫折に対する一番の抵抗力は『勉強』」
https://www.gentosha.jp/article/4879/
出口治明『人生の教養が身につく名言集』（三笠書房）
出口治明『ここにしかない大学　ＡＰＵ学長日記』（日経ＢＰ）

第3章 「大きな目」と「小さな目」で見る

世界中を逆境にさらしたロシアのウクライナ侵攻

ここまでは僕個人の経験を中心に「逆境」について語ってきましたが、この章ではもっと視野を広げて考えてみましょう。

逆境は、僕たちひとりひとりに訪れるだけではありません。広く社会全体が逆境にさらされることもあります。新型コロナウイルスによるパンデミックは、まさに世界規模の逆境でした。

しかし、2020年代序盤の世界を苦しめているのは、それだけではありません。僕が病気で倒れてから、APUの学長として別府に戻るまでのあいだに、この世界はもうひとつの大きな逆境を迎えました。2022年2月24日に、ロシアが「特別軍事作戦」と称して隣国のウクライナへの侵攻を開始したのです。

当時の僕は、立命館東京キャンパスで仕事を再開し、4月に別府で行われるAPUの入学式に出席するのを心待ちにしていました。

前にもお話ししたとおり、APUは「若者の国連」のような大学です。100を超える国や地域から集まる学生たちが、そこで交わす豊かなコミュニケーションを通じて培う友情は、将来、国際平和にもきっと役立つにちがいない。僕はそう信じています。

そんな大学への復帰を楽しみにしていた最中に、このような戦争が起きたことは、本当に残念でなりませんでした。

開戦当初は、そう長く続くものではないだろう、という観測もありました。ロシアのプーチン大統領は、短期間でウクライナの首都キーウを制圧できると考えているはずだ、という見方をする人が多かったからです。

ロシア軍とウクライナ軍の実力には大きな差があるから、ウクライナ側はすぐに降参せざるを得ないはずだ、という思い込みもありました。実際、2014年のクリミア危機の際は、ウクライナ側がほぼ無抵抗のままロシアがクリミア半島を編入してしまったので、そういう見方が強かったのも無理はありません。

しかし実際には、多くの人が考えていた以上に、ウクライナ軍が強かった。クリミア危機以降、軍隊の増強に励んでいたので、簡単に首都をロシアに奪われることはありませんでした。

その後は、欧米諸国の強力な軍事的支援やロシアへの経済制裁なども行われています。開戦から1年を過ぎても、戦闘が終わる気配はありません。2年から3年、いや、10年続くかもしれないともいわれています。

この世界で、戦争や武力紛争が絶えることはありません。２０１５年には、内戦の続くシリアで、ロシア軍が反政府側に激しい空爆を行いました。また、ミャンマーでは１９４８年の独立時に始まった内戦が、いまもなお継続中です。

今回のウクライナ侵攻も、そういった紛争のひとつといえば、それまででしょう。その意味では、人間の社会にとって決してめずらしい事態ではありません。

しかし、この戦争の当事者であるロシアとウクライナは、世界全体の経済や生活に直結するエネルギーや食糧を生産しています。そのため、僕たちの世界は、近年起きたほかの戦争以上に、広く逆境にさらされることになりました。

すでに大きな被害や悪影響が生じていますが、長く続くにしたがって、今後さらにどんなことが起きるかわかりません。

理不尽な侵略を受けたウクライナの人々はもちろん、この社会の先行きに強い不安を感じている人が、世界中にたくさんいます。

まずは大きな歴史の流れを把握することが大事

では、この逆境に僕たちはどう対処すればよいのでしょうか。

いまウクライナで起きていることの意味を理解するのは、とても難しいことです。そもそも戦争を始めたプーチンの頭の中に何があるのかは、誰にもわかりません。日々の戦局も、報道を見聞きしているかぎり、ウクライナ軍が優勢になったり、ロシア軍が優勢になったり、二転三転しています。戦争犯罪も各所で起きているようですが、その実態は判然としません。

おそらく、この戦争が「いったい何だったのか」という歴史的な意味は、10年、20年ぐらい経たないとわからないでしょう。戦争は、いま目の前で起きていることを「小さな目」で見ているだけでは理解できません。

2014年のクリミア危機も、18世紀にロシア帝国がクリミア半島を征服し、ロシア人やウクライナ人などが入植したときから続いている大きな問題の一端として考える必要があります。同じ戦争でも、そういう「大きな目」で見ることで、意味合いは変わってくるのです。

これは、戦争にかぎったことではありません。物事は何であれ、全体を「大きな目」で見渡すことと、細部に「小さな目」を向けることの両方によって、理解が進みます。

社会問題だけではありません。自然科学にも、それは当てはまります。

たとえば、いずれも20世紀に生まれたアインシュタインの一般相対性理論と量子力学は、2本柱として現代物理学を支えています。前者は天体の動きやブラックホールといったマクロの物理現象、後者は原子や素粒子などのミクロな物理現象を考えるときに使います。

宇宙の根源にある究極の法則を明らかにするためには、マクロの一般相対性理論とミクロの量子力学を統合する必要がありますが、それはまだ研究途上です。2つの柱のあいだには噛み合わない部分があるので、統合は簡単ではないそうです。

一般相対性理論ではミクロの世界を説明できないし、量子力学ではマクロの世界を説明できない。マクロとミクロのあいだには、それぐらい大きな違いがあるということでしょう。どちらか一方の見方だけで、全体を理解することはできません。

歴史の場合は、まず「大きな目」を持つことで、「小さな目」の眼力が鋭くなります。

僕たちは毎日、メディアを通じてさまざまなニュース、いわば「小さな物語」を目にしますが、その背景にある大きな歴史の流れが頭の中にあれば、それぞれのニュースが伝える小さな物語の意味をより深く理解できます。

最初から「小さな目」で細かく分析するよりも、まずは大きな文脈を把握してから細部に目を向けたほうが、世界を見るときの解像度が上がるのです。

誰も30年も続くと思わなかったはずの三十年戦争

たとえば17世紀には、おもにドイツ（神聖ローマ帝国）を舞台にしつつ、ヨーロッパ全土を巻き込んだ「三十年戦争」がありました。

戦争のきっかけは、ハプスブルク家のフェルディナント2世がボヘミア王になったことです。ハプスブルク家といえば、中世以来、神聖ローマ皇帝位を継承した名門です。

ところが、賢い君主がなかなか生まれないのが、この家系の不思議なところです。ボへミアはもともとプロテスタントが強い国でしたが、王位に就いたフェルディナント2世はローマ教会を大事にしていたので、プロテスタントを弾圧しました。それによって1618年に引き起こされたのが、三十年戦争です。

後から「大きな目」で見れば、それは1648年まで続く長い戦争の始まりでした。しかし戦争が始まったときは、誰もそれが30年も続くことになるとは思わなかったはずです。

その長い戦争の成り行きを、少し詳しく振り返ってみましょう。いま起きているロシアのウクライナ侵攻を思い浮かべながら読むと、「小さな目」と「大きな目」の必要性がよくわかるはずです。

まず1618年に始まった第1幕は、フェルディナント2世がドイツのプロテスタント同盟と戦って、勝利を収めます。ウクライナの戦争はまだこの第1幕も終わっていないといえますが、三十年戦争はここからがむしろ本番でした。

続いて、デンマークとノルウェーの王様を兼ねていたクリスチャン4世の登場によって、第2幕が始まります。

当時のノルウェーでは銀鉱山が発見され、クリスチャン4世はお金持ちになりました。軍資金がたっぷり入ったので、領土拡大を目論んだ。そこで、「困っているプロテスタントを救ってやろう」という口実のもと、1625年にドイツに攻め込んで、フェルディナント2世と戦いました。

クリスチャン4世の目論見はうまくいきませんでしたが、1629年に彼の軍隊が敗退すると、こんどはスウェーデンが介入します。徴兵制を敷いて強い軍隊をつくった名君グスタフ・アドルフが、やはり「プロテスタントを助ける」という名目で、1630年にドイツに戦争を仕掛けました。

当時のスウェーデンは、たしかに軍隊は強かったものの、人口は少ないし、お金も大してありません。それなのに、どうしてドイツと戦争を始めたのでしょうか。

「大きな目」で見たときの勝者はフランス、敗者はハプスブルク家

じつは、スウェーデンの背後にはフランスの後押しがありました。

当時、ルイ13世の信任を得てフランスの政治を動かしていたのは、アレクサンドル・

デュマ・ペールの冒険活劇小説『三銃士』にも出てくることで知られる枢機卿《すうききょう》のリシュリューです。

フランスはローマ教会派なので、本来ならハプスブルク家を支援すべき立場です。しかしリシュリューは、フランスの国益を優先し、主敵はハプスブルク家だと考えていました。

というのも、フランスはスペインとドイツに挟まれていますが、両国を統治するのはいずれもハプスブルク家です。強い支配者に挟まれて「サンドイッチの具」のような立場に置かれるのは、地政学的に考えても良いことではありません。ハプスブルク家をやっつければ、フランスの立場はとても強くなります。

冷徹な政治家だったリシュリューは、デンマーク、スウェーデンがドイツに戦争を仕掛けたのを見て、これはハプスブルク家を弱体化させる絶好のチャンスだと考えました。そこで、デンマーク、スウェーデンに軍資金を援助したのです。

もはやこの時点で、「プロテスタントを助ける」という宗教戦争の意味合いは、すっかり消えてしまいました。その結果、スウェーデンとフランスは圧勝します。

しかしグスタフ・アドルフが戦死し、スウェーデンには6歳の女王クリスティーナが残されました。国がガタガタになりそうな状態ですが、ここでオクセンシェルナという名宰相が現れ、こんどはドイツのプロテスタント諸侯と同盟を結びます。ここからが第3幕です。

第3幕も長引きましたが、最終的には、延々と続く戦争に疲れ果てたドイツ諸侯とスウェーデンのあいだに和平の気運が生まれて、1648年にウェストファリア条約が成立します。

「小さな目」で見れば、いくつも「勝った負けた」の物語がありますが、終わってみれば、この戦争で最大のダメージを受けたのはハプスブルク家です。

そして、「大きな目」で見たときにいちばん得をしたのは、途中からデンマーク、スウェーデンを支援する形で参戦したフランスです。

ライン川左岸に領土を得たフランスは、ヨーロッパ大陸における最強国となりました。始まったときには当事国ではなかったフランスが、結果的には三十年戦争の「勝者」となったわけです。

三十年戦争の序盤には、たとえばボヘミアの傭兵《ようへい》隊長アルブレヒト・フォン・ヴァレンシュタインのように、大勝利によって一時的に出世した人物もいます。フェルディナント2世に味方してプロテスタントの反乱を鎮圧したヴァレンシュタインは、没収したプロテスタントの領土を手に入れて、ボヘミアでも有数の大貴族にのし上がりました。１６２５年には、皇帝軍総司令官にも任命されています。

しかしその成り上がりぶりが諸侯の反感を買い、１６３０年にはフェルディナント2世によって総司令官を罷免されました。

その後、スウェーデンとの戦いでは、苦戦するフェルディナント2世の懇願を受けて復職したものの、皇帝軍は敗退します。ヴァレンシュタイン自身も、１６３４年に味方であるはずの皇帝軍の将校によって暗殺されてしまいました。

１６１８年から１６２５年までの数年間だけを「小さな目」で見れば、ヴァレンシュタインは戦争で殊勲を挙げた英雄です。でも三十年戦争全体を「大きな目」で見渡せば、「そういえば、そういう人物もいたな」ぐらいの存在になってしまいます。

いまは「プーチンの戦争」だが20年後はわからない

ウクライナでの戦争が30年続くとは思いませんが、20年後に振り返れば、「2022年の開戦は、のちに続く大きな戦争の端緒だった」ということになっているかもしれません。

そうならないことを願ってはいますが、どこでどう転ぶかわからないのが、愚かな人間の引き起こす戦争というものです。

だから、誰がこの戦争の主役なのかも、じつはまだわからないと、僕は見ています。いまは「プーチンの戦争」などと呼ばれていますが、いま70歳のプーチンが権力の座にいるのは、せいぜいあと5年から10年のことでしょう。

ロシアは平均寿命が短く、プーチンの健康状態を疑問視する観測もあります。死んでしまえば、どんなに強力な権力者でも何もできません。

プーチン自身、5年から10年のスパンでしか物事を考えていないでしょう。死後にまで影響を及ぼすような「大きな目」でグランドデザインを描いているとは思えません。

プーチンは、現在のロシアが欧米に対して抱えている弱みを、「小さな目」で認識しているだけではないでしょうか。プーチンとしては、それを何とかして挽回したい。

もちろん本当のことは誰にもわかりませんが、おそらくそんなところだろうと思うのです。

人類５０００年の歴史の中でも、死後まで影響を残すようなグランドデザインを描いて大帝国を築いた人物はほとんどいません。西洋なら、カエサル、フェデリーコ（フリードリヒ）２世、ナポレオンの３人ぐらいです。

プーチンがそこまでの歴史的な大人物だとは、僕には思えません。ですから、あと20年か30年もすれば、三十年戦争のヴァレンシュタインのように「プーチン？　ああ、そんな人物もいたな」ということになっているかもしれません。

では、プーチンが「あ、いたな」と思い出されるときに、三十年戦争におけるフランスの地位を占める国、あるいはフランスに勝利をもたらしたリシュリューのような立場になるリーダーは誰なのか。これも、いまはまだわかりません。

ひとつの可能性としては、いまの「ロシア対ウクライナ」という構図が「アメリカ対中国」になることが考えられます。そのときアメリカの大統領が誰になっているかは想像もつきませんが、終わってみれば「中国の戦争」だったという大きな物語になっていないともかぎりません。

ロシアのウクライナ侵攻に先立つ２０２２年２月４日、北京五輪開会式に出席するために中国を訪れたプーチンは、そこで習近平と重要な首脳会談を行いました。中露の関係が「冷戦時代の軍事同盟にも勝る」「友情に限界はなく、協力する上で『禁じられた』分野はない」という共同声明が発表されています。

また、そのとき習近平が、五輪期間中はウクライナ侵攻をしないようプーチンに求めたという報道もありました。真偽のほどはわかりません。

いずれにしても、ロシアが戦争を始めたのは五輪閉幕から４日後のことでした。もし、いまの戦争が最終的に「中国の戦争」となったとすれば、その首脳会談が物語の起点になるのかもしれません。

台湾問題を「大きな目」で考える

実際、ロシアのウクライナ侵攻が、中国の台湾侵攻に与える影響を心配する声はよく聞かれます。

ウクライナ戦争があろうがなかろうが、「ワン・チャイナ」を掲げる中国が台湾をいつまでも放っておくことはないだろうと見られていました。

ひとたび台湾有事が起これば、米軍が介入する可能性があります。そうなれば在日米軍基地が拠点となるので、日本にとってもまったく他人事ではありません。まさに戦争の当事者となるかもしれず、日本にとっては大いなる「逆境」です。

僕も、中国が台湾を欲しがっているのはたしかだと思います。でも、歴史を「大きな目」で見ると、中国が掲げる「ワン・チャイナ」というスローガンには、あまり説得力がありません。もともと台湾は、「誰のものでもない大きな島」だからです。

もちろん、台湾島には大昔から先住民が住んでいました。その意味では「先住民のもの」といえるわけですが、それだけでは「独立国」とは呼べません。

ある共同体をひとつの国家と認めるためには、「領土」「国民」「統治組織」という3つの要素が必要です。かつての台湾の場合、住人と領土はあっても、それを統治する政府組織がありませんでした。

そういう意味で「誰のものでもなかった台湾」を西洋人が最初に「発見」したのは、1544年のことです。近くの海を通りかかったポルトガル船の船員が美しい島を見つけて、「イリヤ・フォルモサ（美麗島）」と名づけました。

でも、その台湾を最初に統治したのは、ポルトガルではなくオランダです。当時、台湾島の西にある澎湖《ほうこ》諸島は明の支配下にありました。オランダ東インド会社はまずそこを占拠して明軍との戦いに勝ち、台湾島に進出したのです。

ただしオランダが統治したのは台湾の南側の沿岸部だけで、局地的なものにすぎません。その後、一時的にスペインが北側の一部に要塞を築いて支配したこともありますが、いずれにしろ、台湾全体が「誰かのもの」になったわけではありませんでした。少なくとも、中国（明）のものでなかったことは間違いありません。

オランダが来るまで明が支配していたのは、澎湖諸島だけです。それまでの台湾は、大陸の中国にとって、中華文明の及ばない「化《け》外《がい》の地」だったのです。

それが「中国のもの」になったのは、清の時代になってからのことでした。

台湾では、「抗清復明」（清を打倒して明を復活させる）というスローガンを掲げた鄭《てい》成功《せいこう》が、１６６２年にオランダ東インド会社を追い出しました。しかし鄭成功はその年に亡くなり、一族が引き継いだ鄭氏政権は、清の攻撃を受けて１６８３年に崩壊します。

ここで初めて台湾は、「福建省台湾府」として清に統治されることになったのです。

中国が「ワン・チャイナ」を主張するのには無理がある

いまの中国が「ワン・チャイナ」にこだわるのを見て、台湾は大昔から中国の一部だったと思っている人が少なくないかもしれません。

でも実際は、中国３０００年の歴史の中で、台湾を支配していたのは２００年程度です。たしかに台湾全体を支配下に置いたのは清が最初ですが、中国の長い歴史から見れば一時的なものにすぎません。３０００年のうち２８００年は、台湾という島に関心を抱いていなかったのです。

台湾を支配下に置いてからも、清はその統治に積極的だったとはいえません。１８７１年、台湾に漂着した宮古島島民54人が殺害されるという事件が起きたとき、清政府は「台湾人は化外の民だから自分たちの責任ではない」などと主張しました。

これに対して日本政府が犯罪捜査などの名目で軍を派遣したのが、１８７４年の「台湾出兵」です。

このときは、アメリカの公使や連合王国（イギリス）の駐日大使が「極東の平和を乱す」として出兵に反対し、日本政府はいったん中止を決めました。ところが陸軍中将の西郷従道《つぐみち》が約３０００の兵を率いて独断で強行したため、政府もそれを追認します。明治維新後の日本にとって、初めての海外派兵でした。

日本軍は、現地を占領しつつもマラリアで何百人もの死者を出すなど、かなり大変な目に遭っています。

結果的には、連合王国公使による仲介などもあって、清が遭難民への見舞金を支払うことで和解し、日本軍は撤退します。また、清が日本国の行動を承認したため、遭難した宮古島島民は「日本人」ということになり、琉球が日本に帰属することも確認される形となりました。

その20年後には、日清戦争が勃発。勝った日本には、１８９５年の日清講和条約で台湾が割譲されました。

それ以降、1945年まで半世紀にわたって、台湾は日本の統治下に置かれます。日本統治時代には台湾の近代化が一気に進みました。いまも台湾には、近代化を進めた日本に感謝の念を持つ人がたくさんいるといいます。

こうして歴史を「大きな目」で見ると、清の時代にほんの一時期だけ台湾を「自分たちのもの」にしていた中国が「ワン・チャイナ」を主張するのには、無理があるように思います。

また、現在の状況を「小さな目」で見ても、中国が台湾を取ることにどれだけのメリットがあるのかよくわかりません。経済的な関係はうまくいっているので、いまのままでも十分だと思います。

賢い中国がわざわざ高いコストをかけて、軍事侵攻をするでしょうか。

数だけで比べれば民主主義国のほうがマイノリティ

もっとも、ウクライナに仕掛けた「プーチンの戦争」も、ロシアにとってどれだけのメリットがあるのかはよくわかりません。国益を度外視したプーチン個人の世界観やプライドに基づく戦争なのだとしたら、「習近平の戦争」として台湾有事が引き起こされる可能性もあるでしょう。

戦争を始めるかどうかは、指導者の胸三寸で決まってしまう面もあります。こればかりは、何が起きても不思議ではありません。

また、台湾有事につながるかどうかは別にして、今回のロシアの行動によって、時代の流れが大きく変わるという見方もあります。

というのも、ウクライナでの戦争は、アメリカ主導のNATO（北大西洋条約機構）とロシアの対立の深さを浮き彫りにしました。そして、ロシアと同じように西側と対立する中国も、覇権国アメリカが最大の競争相手と認めるほどの大国として存在感を増しています。

こうした対立が深まることで、世界が大きな2つの勢力に分断されるのではないか。そのような懸念を抱く人は少なくありません。

力による現状変更を厭わないロシアや中国は、独裁的なリーダーが権力をふるう「権威主義的」な国です。そういう国々が世界への影響力を高めれば、国際的な秩序は揺らぎかねません。

19世紀のような帝国主義の世界に逆戻りすることを心配する声もあります。そうだとすれば、これは欧米諸国や日本をはじめとする民主主義国にとっての逆境といえるでしょう。

そもそも現在の世界でも、じつは民主主義国は多数派ではありません。西側先進国は世界への強い影響力を持っているので、マイノリティとはいえないかもしれません（お金持ちは、人数が少なくてもマイノリティとはいわれないのと同じことです）。

しかし単純に数だけを比べれば、世界ではまだ、権威主義的な国が多数派という意味での「マジョリティ」です。

そのため、ウクライナで戦争を始めたロシアを、全世界が非難しているわけではありません。西側先進国に反発する国々の中には、国連のロシア非難決議などに賛成しない（反対はしなくても棄権する）国が少なからずあります。ロシアに対する経済制裁も決して足並みは揃っていませんし、逆にロシアを支援する国もあります。

人口比で見れば、ロシアのウクライナ侵攻を非難しているのは世界人口のわずか36%しかありません。ロシアに同調している国が32%、中立が32%となっています（2022年6月27日付日本経済新聞）。

分断はこれだけ深く、「正義」もひとつではありません。権威主義や独裁制が世界を圧倒し、民主主義が衰退する可能性もないわけではないのです。

「大きな目」で見れば世界はどんどん良くなっている

でも、僕はこのことについて悲観していません。たしかに「小さな目」で見れば、民主主義勢力が少し後退することはあり得るでしょう。しかし「大きな目」で歴史を見れば、それは一時的な現象にすぎないだろうと思います。

『ファクトフルネス』（ハンス・ロスリング、オーラ・ロスリング、アンナ・ロスリング・ロンランド著／日経BP）という本が、日本を含めて世界中でベストセラーになりました。僕も大事にしている「ファクト」や「数字」に基づいて、人がつい抱きがちな世の中に対する間違った思い込みを正す本です。

そこで取り上げられている思い込みのひとつは、「世界はどんどん悪くなっている」というものです。同書の著者たちは、さまざまなデータを紹介することでこの思い込みを覆し、じつは「世界はどんどん良くなっている」ことを明らかにしています。

たとえば、世界の人口のうち、極度の貧困にある人々の割合を見てみましょう。これは過去20年のあいだに半減しました。もっと「大きな目」で見ると、１８００年には１日２ドル以下で生活する人々が85％を占めていましたが、２０１７年には９％まで減っています。

また、同じ１８００年から２０１７年までのあいだに、世界の平均寿命は31歳から72歳まで延びました。その間、「小さな目」で見れば、飢饉や疫病、戦争などで平均寿命が短くなった時期もあります。しかし、それは一時的な現象にすぎません。

ほかのテーマでも、そういう小さなジグザグはありながらも、大きな流れとしては「どんどん良くなっている」のが僕たちの世界です。

パンデミック、児童労働、核兵器、大気汚染、災害による死者、戦争や紛争の犠牲者、飢餓、死刑など、世界で減り続けている「悪いこと」はたくさんあります。

女性参政権、女子教育、自然保護、識字率、農作物の収穫など、世界で増え続けている「良いこと」もたくさんあります。

悪いニュースのほうが広まりやすいこともあって、つい「世の中はどんどん悪くなっている」と思い込みやすいのですが、ファクトを見れば決してそんなことはありません。

アメリカの著名な心理学者スティーブン・ピンカーも、『暴力の人類史』（青土社）という上下巻の大著で、長い人類史を通じて、戦争や犯罪などの暴力が（やはり小さなジグザグはありながらも）どんどん減っていることを明らかにしました。

ウクライナで戦争が始まる前に書かれた本ではありますが、ピンカーは現代の社会を「もっとも平和な時代」としています。

その平和をもたらした要因として、平和維持活動の展開、開放的な経済、反人道主義的なイデオロギーの衰退などと並んでピンカーが挙げているのが、「民主主義の定着と拡大」です。

それが平和に貢献しているのであれば、大きな流れとして暴力が減少し続けるこの世界で、民主主義が衰退するとは思えません。一時的な「逆境」にさらされることはあっても、長い目で見れば、必ず民主主義はいまよりも世界に広く定着するでしょう。

「世界は変えられる」という信念を持つ

とはいえ、「大きな目」では民主主義の将来に対して楽観的な僕も、「小さな目」で自分の国の民主主義がどうなっているかを見ると、思わず溜め息が出てしまうというのが正直なところです。

溜め息が出るいちばんの理由は、何といっても選挙における投票率の低さです。

２０２１年に実施された第49回衆議院議員総選挙では、全国の投票率が56％弱でした。その時点での有権者数は、およそ１億５３２万人。そのうち４６３４万人以上が投票しなかった計算になります。

ＯＥＣＤ（経済協力開発機構）加盟国の国政選挙投票率を見ると、日本は38カ国中32位で（２０２３年２月時点）、日本の投票率が先進国の中で低いことは、明白な事実です。

さらに問題なのは、若い世代ほど投票に行かないことです。総務省が調査した２０２１年衆議院議員総選挙の年代別投票率を見ると、70歳代以上は62％弱、60歳代が71％強といちばん高く、以下、50歳代は63％弱、40歳代は56％弱、30歳代は47％強と、年齢が下がるほど投票率も下がっていき、20歳代では37％弱しか投票していません。

２０１６年から選挙権が与えられた18～19歳が43％を超えているのが救いではありますが、それでも半分以下です。

こうした有権者の投票動向を見れば、政治家が年配者を重視する政策を立ててアピールするのは、当然といえます。政治家は、まずはとにかく選挙で当選しないと仕事ができません。

しかしその結果、若い世代は「どうせ自分たちのことなんか考えてくれない」と思い込み、投票に行く気持ちになりにくい。するとますます政治家は年配者重視の政策に走る……という悪循環が起きてしまいます。

選挙で政治家を選ぶのは社会の未来につながる行動です。未来を担う若い世代が積極的に投票しなければ、民主主義が十分に機能したとはいえません。

若者たちは、まったく政治に関心がないわけではありません。投票意欲をもっと引き出すような工夫が足りないのだと思います。

いろいろなアプローチがあると思いますが、若い有権者をたくさん抱える大学が果たす役割は大きいでしょう。学生たちが「自分たちの手で未来は変えられる」と信じ、そのために積極的な行動を起こす意欲を持つことができれば、投票率も上がるはずです。

未来を変える行動は、選挙での投票だけではありません。自分の職業などを通じて社会と関わる中で、少しずつ世界を良い方向に変えていくこともできます。

そもそも、歴史を振り返れば、新しいことに挑んだ人の１００人中99人は失敗しています。次の章でもお話しするように、成功するかどうかは、「運」に大きく左右されます。しかも、行動の結果は、あとの時代にならないとわからないことがほとんどです。

それでもチャレンジする人がいて、１％の人が成功してきたから、いま僕たちの生きている社会は成り立っています。

大事なのは「世界は変えられる」「もっと良い社会にできる」という希望を持つことです。

ひとりの人間にできることのほとんどは小さなことですし、それが世界にどんな影響をもたらすかは誰にもわかりません。でも結果の成否にとらわれず、いまの自分にできることに取り組んでいく生き方は、とても尊いと思います。

手前味噌ではありますが、僕はAPUの学生たちの姿を見ていると、いつもそういう希望を感じます。みんな、目がキラキラと輝いている。その意欲的な様子が、学長としてのいちばんの誇りです。

APUを巣立った卒業生たちが「世界は変えられる」という信念を持って活躍することで、世の中にその希望が広がるとしたら、こんなにうれしいことはありません。

「小さな目」では溜め息が出てしまう日本の民主主義ですが、「大きな目」で見れば必ず発展すると僕は信じています。

逆境のときこそ、歴史を学ぶことが大切

ここまで見てきたように、僕たち人間の前に立ちはだかる逆境は、その大半が「小さな目」で見える環境の変化によるものです。「大きな目」で見れば、どんな逆境もいつか必ず終わりを迎えます。

ですから、逆境にさらされたときには、それが過ぎ去ったときのために準備を整えて

おくことも大事です。

僕は、会社で左遷されたときには、仕事が暇になって生まれた時間を旅や読書に使いました。ただ好きなことをやっただけで、具体的な目的のために準備したわけではありませんが、結果的にはそれが還暦以降の人生に役立っています。

病気で倒れた後は、復帰して仕事に戻ったときのために、ひたすらリハビリに励みました。思いがけない逆境を嘆いていても何も始まりません。

現在の世界を考えたとき、ウクライナの人々は、彼らにとって人生最大の逆境に立たされているといえるでしょう。いつ終わるかわからないロシアの侵攻に耐える苦しみは、僕には想像することさえできません。

でも、いつかはわからなくても、この戦争はいずれ必ず終わります。「大きな目」で見れば、10年、20年後には確実に銃火は止んでいる。

「小さな目」だけで世の中を見て悲嘆に暮れていたのでは、希望が持てません。戦争が終わったときに新しい社会をつくることができるよう、いまやれる準備をできるかぎりしておく。

他人事のように聞こえるかもしれませんが、起きてしまったことを巻き戻してなかったことにはできない以上、ひとりひとりの個人にできるのはそれだけです。

そのためには、まず命を守ること。命があってこそ、未来もあります。これはウクライナの人々だけの努力で守れるものではないので、日本も含めた世界からの粘り強い支援が求められます。ＡＰＵでは２０１７年秋からシリア難民の学生を受け入れていますが、２０２２年春からはウクライナからの避難民学生も学んでいます。

そして、逆境にあるときこそ、やはり歴史を学ぶことが大切です。歴史を学べば、逆境がいつまでも続かないことがわかり、未来へ向けた勇気を持つことができるのです。

ナポレオンはジャンヌ・ダルクを「再発見」して国民を鼓舞した

あのナポレオン・ボナパルトも、自国の歴史を掘り起こすことでフランス国民に勇気を持たせようとしました。

フランス革命の嵐が吹き荒れた後、連合王国をはじめとする王政の欧州列国は大騒ぎになります。なにしろルイ16世やマリー・アントワネットまでギロチンにかけられたので、革命が自分の国に飛び火したのではたまりません。

「フランスを潰せ」というわけで、対仏大同盟が結ばれました。四方八方から攻められたフランスは、瀬戸際まで追い込まれます。

そこでナポレオンは、ある歴史上の英雄を「再発見」しました。長い歴史の陰に隠れていたジャンヌ・ダルクです。

フランス東部のドンレミという田舎町でジャンヌ・ダルクが生まれたとされる1412年頃は、諸侯がイングランド側とフランス側に分かれて戦う百年戦争の真っ最中でした。ジャンヌ・ダルクが10代になる頃には、イングランドがパリを含めたフランス北部を制圧していました。経済がめちゃくちゃになった上に、ペストの影響で人口も激減したフランスは崩壊寸前です。

その窮地を救ったのが、12歳のときに「イングランド軍を放逐して、王太子のシャルルを王位に就けよ」との神の啓示を受けたジャンヌ・ダルクでした。彼女に会ったシャルルは、藁をもつかむ気持ちでイングランド軍を撃退する許可を与えます。

甲冑に身を包んで戦地に乗り込んだジャンヌ・ダルクは、イングランドが大軍を投入したオルレアン包囲戦で、フランスを勝利に導きました。神の啓示どおり、シャルルは1429年に王位に就いてシャルル7世となっています。

しかしジャンヌ・ダルクは1430年にイングランドの捕虜となり、火あぶりの刑となってしまいました。百年戦争はその後も一進一退を続け、ジャンヌ・ダルクの存在は忘れ去られていきました。

彼女の存在を知ったナポレオンは、新聞に「ジャンヌ・ダルクは英雄だった」という記事を書かせまくります。

「いまフランスは大変な危機だが、昔もパリをイングランドに取られて滅びそうになったことがある。そのとき田舎から出てきたジャンヌ・ダルクという乙女が先頭に立って戦い、それによってフランス軍はひとつになって敵に立ち向かうことができたのだ」

そうやって、ナポレオンはフランス国民のナショナリズムを煽ったのです。

「国がひとつにまとまれば強い」というメッセージに加えて、コルシカ島という田舎から出てきた自分自身を、やはり田舎出身のジャンヌ・ダルクという若き救世主と重ねるという演出効果も狙っていたのでしょう。

まさに「想像の共同体」（ベネディクト・アンダーソンによるナショナリズム研究の著書。「国民とはイメージとして心の中に想像されたものである」という考え方）です。ナポレオンはジャンヌ・ダルクを再発見したのです。

このように、歴史という「過去」の中には、現在の逆境を生き抜き、「未来」を変えるための勇気や希望の種がたくさん埋まっています。

参考文献

出口治明『一気読み世界史』（日経ＢＰ）
コトバンク／日本大百科全書（ニッポニカ）「三十年戦争」
ウィキペディア「アルブレヒト・フォン・ヴァレンシュタイン」
ウィキペディア「台湾の歴史」
ウィキペディア「オランダ統治時代の台湾」
コトバンク／日本大百科全書（ニッポニカ）「台湾出兵」
出口治明『日本の伸びしろ　悲観を成長に変える思考力』（文春新書）
出口治明『歴史を活かす力　人生に役立つ80のＱ＆Ａ』（文春新書）

第4章

生き残りに必要なのは「運」と「適応」

自分の努力や才能が足りなかったと責めなくていい

順調に思えた人生が逆境に転じたとき、そうなったのは「自業自得」だと受け止めて、自分を責める人もいるでしょう。

自分の身に起きることはすべて、自分自身の考え方や行動に原因がある、因果応報だから、良い結果になれば自分の努力や才能のおかげ、悪い結果になれば自分の力不足や失敗のせい、というわけです。

そういう人は、会社で左遷されれば「自分が無能だったからだ」とか「ちゃんと社長に根回しをしておかなかった自分が悪い」などと考えるかもしれません。

病気になれば、「仕事が忙しいからといって無理をしすぎた」「医者の言うことを聞いておけばよかった」と反省したり後悔したりするでしょう。

世間的に見れば、こういうタイプは「責任感の強い人」として信頼されるのだと思います。たしかに、これとは逆に何でもかんでも「他人のせい」にして文句ばかり言う人は、みんなに嫌われます。

でも僕自身は、日本生命での左遷を「自分のせい」だとは思いませんでした。自慢するわけではありませんが、部長のポジションまで出世するのは同期の中でもいちばん早かったので、会社は僕のことを無能とは見なしていなかったと思います。

一方、衝突した新社長とのコミュニケーションを、もっと上手にやれた可能性はあります。でも、これは相手のあることです。自分がどんなにうまくやっても、社長が僕の企画を受け入れたかどうかはわかりません。

それに、そもそもあのタイミングで社長が交代しなければ、何も問題はありませんでした。社長交代は会社の方針です。僕が頑張ってどうこうできた話ではありません。そういう巡り合わせは、自分ひとりの努力ではどうにもなりません。

今回の病気も同じで、「自業自得」だとは思いませんでした。

血圧が高くて降圧剤は飲んでいましたが、それ以外はあまり健康に留意しなかったのはたしかです。かといって、気をつけていれば倒れなかったかというと、これは誰にもわからない。

統計学的に脳出血などの病気のリスクが下がる生活スタイルがあることは間違いない

でしょう。ですが、確率がゼロになるわけではありません。

医者の指導に従って健康に留意した生活を送っている人でも、残念ながら病気になるときはなります。お酒やタバコなどをまったく我慢せずに好き放題な日々を送っていても、健康なまま、天寿をまっとうするまで長生きする人はいます。

もちろんリスクの高い行動は避けるべきですが、どんな生活をしていても、病気になる確率は0％にも100％にもなりません。

自分がどのように生きていようが、逆境になるときはなる。

責任感が強いのは良いことですし、何でも他人のせいにするのは感心しません。ですが、順境から逆境への変化は、たまたまそういう巡り合わせになっただけのことです。自分の努力や工夫だけで止められるものではありません。

同じことは、逆境から順境への変化についてもいえます。そこでも、努力や工夫が介在できる可能性は、あまり大きくありません。

僕たちを取り巻く環境は、さまざまな運と偶然の要素が重なることで、良くも悪くもなるのです。

そもそも人間に自由意志はあるのか

こういう話をすると、自分の主体性を否定されたように感じて疑問や反発を覚える人がいるかもしれません。真面目で責任感や向上心の強い人ほど、そうだと思います。自分の身に起きることを運や偶然で片づけたのでは、人生を自らの意志で切り開いているという手応えが得られません。

しかし、そもそも人間に主体性や自由な意志があるのかどうかは、そう簡単には答えの出ない問題です。哲学、人類学、心理学、さらには自然科学まで含めた広い「知」の世界で、それは昔から大きな論点になってきました。とくに20世紀後半以降は、脳科学の発展もあって、認識が大きく変化しています。

第二次世界大戦後の思想界で脚光を浴びたフランスの哲学者ジャン＝ポール・サルトルは、「人間は自由な実存として存在している」と考えました。その思想は、「実存主義」あるいは「無神論的実存主義」と呼ばれています。

もし神が存在するなら、この世界や人間の本質を決めるのは神です。でも神が存在しないとすると、人間はまだ何も本質が決まっていないただの「物体」として、この世に誕生する。それが成長するにつれて、多くのことを学びながら、人間の本質について自ら考えるようになります。

これをサルトルは「実存は本質に先立つ」という言葉で表現しました。人間はまず自由な実存として存在するので、（神ではなく）自らの意志によっておのれの本質をつくり出すことができるし、そうしなければならない、というわけです。

ただし、これは人間にとって必ずしも楽なことではありません。世界や人間の本質を決めてくれる神がいないとなると、人間は生き方や社会の未来像を自分で考えて実行しなければいけないからです。

それに、人間は社会と関わりながら生きているので、自らの自由意志にしたがって行動した結果について、社会に対して責任を負わなければいけません。それはそれで、大きな重荷です。

しかし神がいない以上、その自由と責任から逃れることはできません。だからサルトルは「人間は自由の刑に処せられている」とも言いました。刑罰といえば、ふつうは犯罪者から自由を奪うものなので、「自由の刑」とは、何とも逆説的な言葉です。

とはいえ、そうやって個人を拘束する状況に対して人間が主体的に行動することは可能であり、それが人間の実存の本質を変革することにもつながる、とサルトルは考えました。

そうして、自由な個人が主体的に行動を起こして社会と自分自身の変革を実現することを、サルトルは「アンガージュマン」という言葉で表現しています。これには共感を覚える人も多いかもしれません。

社会の構造が人間の意識を形づくる？

しかし１９６０年代に入ると、サルトルの思想を正面から否定する人が現れました。文明社会と未開社会の思考について研究した『野生の思考』（大橋保夫訳／みすず書房）という著書で知られる人類学者、クロード・レヴィ＝ストロースです。

世界各地の先住民や未開部族などを研究したレヴィ＝ストロースは、かつてヘーゲルやマルクスらが描いた進歩史観的な設計図に沿って世界が動いているわけではないことを知りました。サルトルの「アンガージュマン」も、ヘーゲルやマルクスの進歩史観に追随するような形で編み出されたものです。

それに反発したレヴィ＝ストロースは、自由な人間が主体的に行動して社会を変革するのではなく、逆に人間の行動は社会に規制されていると主張しました。人間の自由で主体的な意志が先にあって、それに基づいて社会が設計されるのではない。逆に、社会の構造が人間の意識を形づくるというのです。

そうだとすると、自分の自由な意志に基づいて主体的に行動できる人間はいません。本人は自分が主体的に選んだ価値観に基づいて行動しているつもりでも、じつのところ、その意識は社会の構造によってもたらされたものにすぎないからです。

社会は個々の人間が集まってつくられているので、この考え方は順番が違うのではないかと思う人もいるでしょう。まず自由で主体的な個人がたくさんいて、それぞれの意志や行動を足し合わせることで、社会全体の構造ができ上がっていると考えるのが、一般的な感覚だとは思います。

でも、「全体」は必ずしも「部分」の総和ではありません。さまざまな「部分」が相互作用することで、どの「部分」も持ち合わせていなかったものが生まれることがあります。それを含めて「全体」の構造ができ上がるのです。

社会とは、まさにそういうものでしょう。さまざまな個人が相互作用することで、誰も意図していない価値観や方向性のようなものが生まれて、社会の構造がつくられる。だから、その構造は誰かが意図的に設計したものではありません。そして個人は、その構造に合わせた生き方や考え方をするようになるのです。

このように、研究対象の構成要素を取り出してその関係を調べ、全体の構造をトータルに理解しようとする思想を「構造主義」といいます。

これに対して、すべての物事には変化しない本質が存在すると考えるのが「本質主義」です。こちらは、たとえば「日本人」「黒人」「女性」といった属性にも、それぞれ永遠に変わらない本質があると考えます。よく「日本人は勤勉だ」といわれますが、これは本質主義的な発想に基づくものといえるでしょう。

一方の構造主義は、そうは考えません。同じ日本人でも、それぞれの時代の社会のあり方によって、その性質は変わり得ると考えます。江戸時代という社会が江戸時代の日本人をつくり、戦後の日本という社会が戦後の日本人をつくったのであって、どの時代にも通底する日本人の本質は存在しない、というわけです。

生物は遺伝子の乗り物にすぎない？

構造主義と本質主義のどちらが正しいのか、学問的な意味での決着はまだついていません。しかし、外部の影響を受けて個人の考え方や行動が変化することは、社会心理学の分野でも、さまざまな実験や観察を通じて明らかにされてきました。

わかりやすい例としては、「多元的無知」と呼ばれる現象があります。社会心理学では「集団の多くの構成員が、自らは集団規範を受け入れていないにもかかわらず、ほかの構成員のほとんどがその規範を受け入れていると信じている状態」と難しい言葉で定義されています。

これは「裸の王様」の話を思い出せば誰でも腑に落ちる現象です。誰もが本当は王様は裸だと思っているのに、自分以外はみんな王様がきれいな服を着ていると信じていると思うと、「王様は裸だ」と言えません。そうやって、「王様はきれいな服を着ている」

という認識が社会の中でひとり歩きしていくのです。

僕たちの日常にも、こういうことはときどきあります。数人のグループで旅行や食事の相談をするとき、本当は誰もそこに行きたいと思っていないのに、「みんなはそこに行きたいと思っているのだろう」と思い込んだ結果、誰も望んでいない行動を集団で取ってしまうのです。

こういう心理的なメカニズムによって、誰も望んでいない戦争が起きてしまうことだって、ないとはいえません。

また、脳科学や生物学などの自然科学の分野でも、いまは「人間には主体的な自由意志などない」と考えられています。

たとえば有名な『利己的な遺伝子』という本を書いた連合王国の動物行動学者リチャード・ドーキンスは、人類を含めて生物はすべて「遺伝子が自分の複製を残すための乗り物にすぎない」と言いました。

だとすれば人間も、それぞれ自分の自由な意志で行動しているようには見えるものの、じつのところ遺伝子にとって都合のいい行動を取る（具体的には生き延びて子孫を残す）ように宿命づけられていることになります。

脳神経生理学の分野では、１９８３年にベンジャミン・リベットによって、有名な実験が行われました。その実験では、手首を持ち上げるよう指示された被験者の脳波を測定し、手首を動かす指令がいつ脳で発生したのかを調べます。その一方で、被験者がいつ「手首を持ち上げよう」という意志を持ったのかも確認する。常識的には、被験者が「手首を動かそう」という意志を持ってから、脳がそのための指令を筋肉に送り、その結果として手首が持ち上がると思うでしょう。

ところが、実際は順番が逆でした。まず手首の運動を起こす指令が脳波に生じ、しばらく経ってから被験者の意志が生じて、その後で手首が動きます。つまり、本人は自由な意志によって行動していると思っているけれど、その意志決定に先立って、無意識のうちに脳が行動を起こさせる命令を出している。

常識的な感覚とは相容れない不思議な話ですが、意識の上で「こうしたい」という感覚が生まれるのは、脳の命令よりも後なのです。

近代社会には自由意志という「虚構」が必要

リベットの実験は、人間の行動が自由な意志決定によって起こることを否定しました。その解釈については、哲学者なども含めて盛んに議論されています。しかし少なくとも、生物としての人間を自然科学的に見たときには、そこに主体的な自由意志はあり得ない――いまはそう考えられています。

このあたりの議論は、本書では詳しく紹介する余裕がありません。興味のある人には、小坂井敏晶さん（パリ第8大学心理学部准教授）の『社会心理学講義〈閉ざされた社会〉と〈開かれた社会〉』（筑摩書房）という本をお薦めします。

「正しい社会の形はいつになっても誰にもわからない」「人格や意志が行動を決定するという西洋近代が生み出した個人主義的人間像は人間の実情に合っていない」「人間は周囲の影響を簡単に受ける。しかし、同時に我々は自立幻想を持つ」など、既存の常識に対して強烈にハンマーを振り下ろすような話が次々と繰り出されるすごい本です。

小坂井さんによれば、人間の主体的な自由意志は「虚構」にすぎません。とはいえ、だから無視してよい、というものでもない。人間の社会は、何らかの虚構がなければ秩序を保てないからです。

かつては、「神」という虚構によって秩序がつくられる時代もありました。地域によっては、いまもそういう社会はあるかもしれません。しかし少なくとも西洋的な近代社会では、その神に代わって、「自由意志を持つ主体的な個人」という虚構が必要になった、そう考えることができるでしょう。

というのも、自由意志があることを前提にしなければ、個人の責任を問うことができません。よく「自由と責任は表裏一体」などといいますが、実際、犯罪者に刑罰を科すことができるのも、その犯罪者が自分の自由な意志に基づいて行動したと考えるからです。

自由意志が虚構ならば、それに基づいて問われる責任も虚構にすぎないことになりますが、その虚構がなければ現代社会の秩序は成り立ちません。

虚構といわれると、何かまやかしのような印象を受ける人もいるでしょう。でも僕は、それも人間が生きていくための「知恵」なのだと思います。

構造主義や自然科学は生物としての人間に「自由意志はない」と主張しますが、社会の秩序を維持するためには、虚構もうまく利用する必要がある。そういう知恵があるからこそ、人類は長い時間をかけて豊かな文明を築くことができました。そこが、ほかの生物と人間の大きな違いではないでしょうか。

あらゆる行動の結果は偶然の産物?

とはいえ、自分の身に起こることの責任が、すべて自分にあるわけではないのもたしかです。自分の意志で行動したつもりでも、じつは無意識のうちに社会からの影響を受けている。それを避けることは、誰にもできません。

「自分」という人間に固有の本質はなく、常に外部の影響を受けて行動するのだとすれば、別の時代に別の社会で生きていれば、同じ人であってもその行動は別のものになります。

それに、同じ行動がいつも同じ結果を引き起こすわけでもありません。前述したように、医者が眉をひそめるような生活をしていても、病気になったりならなかったりする。病気にならなければ、どんなに無茶苦茶な生活をしていても、自己責任を問われることはありません。

たとえば自動車の脇見運転によって人身事故を起こした人は、自分のしでかしたミスに責任を感じるでしょう。もちろん、法的にも過失責任を問われます。

しかし、同じように脇見運転をしていても、そこに歩行者が通りかからなければ、人身事故は起こりません。むしろ、世の中でドライバーがしている脇見運転の大半は、結果として事故にはつながっていないのではないでしょうか。

ミスを犯しても、ほとんどの場合は事故を起こす条件（歩行者が飛び出してきた、対向車が来たなど）が揃わないので、何事もなく過ぎていく。ミスがあったことさえ、意識されないのです。

もちろん、だから脇見運転をしてもよい、などと言いたいわけではありません。病気のリスクを下げるために良い生活習慣を身につけたほうがよいのと同様、事故のリスクを下げるためには、注意深く運転する必要があります。

ただ、僕たちの行動がある結果を生むまでのあいだに、自分ではコントロールできないさまざまな偶然が介在しているのはたしかです。だから、同じ行動がいつも同じ結果を生むわけではありません。

さらにいえば、そういうミスで事故を起こした人を過失犯として処罰する社会に生まれたのも、偶然のひとつでしょう。未来の社会では、故意であれ過失であれ個人に責任はないことが前提となり、社会全体の責任として、政府が被害者を救済することになっているかもしれません。

あるいは、自動運転技術の進歩によって、そういう事故そのものがほとんどゼロになっている可能性もあります。たまたまそういう時代に生まれた人は、事故を起こしても自分を責めることはないでしょう。事故が起きるのは、そんな危ない車をつくった自動車メーカーの責任ということになるわけです。

そんなふうに考えると、いまの社会で暮らしている人々が感じる「責任」は、あらゆる意味で偶然の産物といえるのではないでしょうか。

「突然変異」と「自然淘汰」で進化の仕組みを解き明かしたダーウィン

いささか抽象的な話が続きました。こういった話を通じて僕が言いたかったのは、どんな逆境も「自業自得」なんかではない、ということです。

そもそも自由意志や責任といった概念は、社会を成立させるための虚構（知恵）にすぎません。また、たとえ自由意志があることを前提にしたとしても、それに基づく行動が順境を招くか逆境を招くかは、結局のところ運と偶然に左右される。いずれにしても、自分の意志や行動でコントロールできることではないのです。

では、「たまたま」の巡り合わせで訪れた逆境を前にしたとき、僕たちはどのように対処すればいいのでしょうか。

そこで頼りになるのは、何といってもチャールズ・ダーウィンの進化論です。

ダーウィンは『種の起源』において、「突然変異」と「自然淘汰」というたった2つのメカニズムで、生物の世界が驚くほど多様なものになったことを説明しました。

これほど単純な仕組みで生物の進化という自然現象の謎を解き明かしてしまったダーウィンは、じつに偉大な人物だと思います。

ダーウィンの理論を簡単に説明しておきましょう。生物は、子孫を残すことで続いていくのが大きな特徴のひとつです。でも、子が必ず親とまったく同じ形質を持って生まれるとしたら、進化は起こりません。そうだったら、地球上ではいまでも、40億年前に登場した単細胞生物が細胞分裂によって増殖するだけだったでしょう。

しかし突然、親と異なる体や性質を持つ変異体が生まれたら、話は別です。それが、「突然変異」という、進化のきっかけです（ダーウィンの時代は遺伝学が未発達でしたが、現代では遺伝子のミスによって変異体が生まれることがわかっています）。

ただし、親と違う変異体がすべて新種に進化するわけではありません。親の代まではその形質でふつうに暮らせていたので、親とは違う変異体の多くは生き残れないかもしれません。

首の短い仲間たちが群れで暮らしているところに、突然やたらと長い首を持つ個体が生まれたら、みんなと同じように生きていくのは大変です。

でもその中には、たまたま生まれ落ちた環境で暮らしやすい形質を持つ変異体もいるでしょう。仲間より首が長くても、周囲にたくさんの葉を茂らせた高い木々が生えていれば、それを食べて生き残ることができます。

そういう個体が、自分と同じ形質を持つ子孫を残すことができれば、これはもう「変異体」ではありません。有利な環境があるかぎり、「キリン」という種として繁栄していきます。これが「自然淘汰」もしくは「自然選択」と呼ばれる進化の仕組みです。

強い者・賢い者が生き残るのではない

ここで重要なのは、突然変異も自然淘汰も「たまたま」起きる偶然にすぎないということです。

「高い木の葉が食べられるようにしよう」といった目的のために、「長い首」といった新しい形質がデザインされるわけではありません。たまたま生まれた変異体が、たまたま環境に適応していたから生き残り、子孫を残すことができた。生物の進化とは、いわば「結果オーライ」の現象なのです。

つまり、進化はほかの個体よりも「強い者」や「賢い者」が生き残ることによって起きるのではありません。サルから進化した人間は、強くて賢いから生物界の頂点に立った——などと勘違いしている人もいますが、そうではありません。

いま地球上に存在する生物は、すべてそれぞれのやり方で環境に適応しています。そこには頂点も底辺もない。みんな、たまたま生き残っているだけです。

そもそも突然変異は、遺伝子のミスという「失敗」から起こります。偶然の「逆境」から始まるのが進化だといってもいいぐらいです。

そこから生き残るのに必要なのは、与えられた環境に適応すること。生き残りに求められるのは強さでも賢さでもなく、「運」と「適応」なのです。

人類の歴史も「運」と「偶然」によって進化してきた

ダーウィンの進化論は生物に関する最高の理論だと思いますが、それだけにとどまるものではありません。ダーウィン自身はそこまで考えていなかったでしょうが、これは人類の歴史を説明する理論としても使えるすばらしいアイデアです。

歴史を説明する理論としては、ヘーゲルやマルクスなどに代表される進歩史観もきれいでカッコいいとは思いますが、人間の意志の力で歴史が進歩するという考え方には、どうも僕は馴染めません。

「進歩」は高い目標に向かって計画的に進んでいくイメージですが、実際の歴史を振り返ってみると、そこに目的意識や計画があるとは思えないからです。

人間は頭でっかちな動物なので、「運」や「偶然」をなかなか認めようとしません。そんなことよりも、人間の意志のほうが歴史を変えるだけの影響力を持っていると思いたい。運や偶然を引き寄せるのも能力のうちであり、運を人間の都合に合わせてコントロールすることで歴史は進歩する——そう考える人もいます。

でも、人間はそんなに賢くありません。高い目標を掲げて社会を計画的にデザインしようとしても、まずうまくいかない。計画になかった運や偶然によって、必ず計算違いが起こるからです。

だからこれまで人類の歴史は、運と偶然によって「進化」してきました。目的に向かう「進歩」と違って、結果として起こる「進化」は、前の状態よりも良いか悪いかという価値判断とは無縁の変化です。偶然の環境変化に適応した者が、たまたま歴史の中で生き残る。生物の進化と同じです。

歴史を変えた気候変動

たとえば地球環境の変化は生物の進化を起こす大きな要因のひとつですが、これは歴史にも大きく関与してきました。いまの世界では地球温暖化が問題になっていますが、過去にもそれは、歴史を動かす要因となってきました。

というのも、気候が温暖化すると穀物がたくさん収穫できて兵糧を確保できるので、大軍を動かせるようになります。そのため、小さな国々が統一されて大国の時代になるのです。

紀元1世紀の終わり頃のローマ帝国がまさにそうでした。五賢帝と呼ばれる5人の皇帝が登場し、大きな戦争もなしに帝国が安定して栄えた１００年は、のちにギボンという歴史家が「人類がもっとも幸福だった時代」と評しています。

しかし紀元2世紀の中盤からユーラシアの気候は寒冷化しました。五賢帝の時代は終わり、北にいた遊牧民が南下したのをきっかけに、玉突き現象のように大きな民族移動が始まります。

南下した諸部族のうち、東に向かった者たちは中国の漢、西に向かった者たちはローマにぶつかりました。それによって、２つの帝国が衰退したのです。

中国は、それからおよそ４００年間にわたって、南北に分かれた分裂の時代が続きました。それが５８１年に統一されて隋が建国された最大の要因は、気候が再び温暖化したことです。

かつてのローマ帝国がそうだったように、大軍を動かせる兵糧を確保できるようになったことで、広大な中国を再び統一することが可能になりました。

そして、温暖化という偶然の環境変化による中国統一は、日本にも大きな影響を及ぼします。

大帝国の誕生は、当然ながら周辺国にとっても重大な環境変化です。それまでは南北に分裂していた両方の国に朝貢《ちょうこう》するなどしていましたが、隋に対してどう振る舞うべきか、あらためて考え直さなければなりません。

そこで様子を見るために送り込んだのが、遣隋使です。それによって隋という帝国の強大さを知った日本は、「これはえらいことだ」とビックリして、自分たちもしっかりと国を固めなければいけないと考えました。それでつくったのが、冠位十二階や十七条憲法の原型です。

つまり、これらの改革は、日本が「自分たちの国はこうあるべきだ」と思い立って主体的に行ったとはいえません。隋という大国の登場に対するリアクションであり、その隋を誕生させた気候温暖化という偶然の環境変化に対する生き残りのための適応だったわけです。

偶然の幸運が重なって成功した明治維新

日本の歴史を振り返ってみると、偶然の幸運に恵まれたケースが数多くあります。まず、現在のような近代国家へのスタートラインとなった明治維新がそうです。

この大変革は、１８５３年にペリーの黒船が来航したことから始まりました。それは誰でも知っているとおりです。では、なぜアメリカのペリーは日本に来たのでしょうか。

当時の日本は、江戸幕府による鎖国政策を取っていました。そんなことができたのは、海外の人々が欲しがるような国際商品が国内になかったからです。

安土桃山時代には、石見《いわみ》銀山を筆頭に銀という魅力的な国際商品が大量に発見されたので、それを求める人々が海外から次々と押し寄せました。しかしそれも織田信長や豊臣秀吉の時代がピークで、それ以降は乱掘によって銀が取れなくなります。

そんなタイミングでたまたま始まったのが、江戸幕府による鎖国でした。もしその段階でも銀がたくさん取れていたら、いくら日本が国を閉じようとしても、外国が入ってくるのを止めることはできなかったでしょう。国際商品がないから、海外の人々は日本を放っておいてくれたのです。

幕末になっても、日本には相変わらず国際商品がありませんでした。そんな日本に、アメリカは何の価値を見出したのか。

アメリカが求める国際商品があったのは、中国（清）です。絹、お茶、陶磁器など、中国には海外の人々が欲しがる魅力的な商品がたくさんあります。当時はその中国市場をめぐって、アメリカと大英帝国が激しく争っていました。

競争を有利に進めるためにアメリカが重視したのが、太平洋航路です。ニューヨーク北部の港から大西洋を横断して、アフリカ大陸を回って中国に向かう大西洋ルートでは、大英帝国よりも距離が長いので、輸送コストの点で絶対に勝てません。そのため、太平洋ルートで中国市場にアクセスする必要があったのです。

また、同じ太平洋ルートでも、ハワイ経由で中国に向かうより、日本列島を経由して上海や広東に行くほうが近いので、コストを抑えることができます。それが、アメリカにとっての日本の価値でした。

そんなアメリカが送り込んだペリーの黒船がきっかけで日本は開国し、そこから明治維新が始まります。この大改革が成功した理由のひとつは、逆境にうまく適応する優秀なリーダーに恵まれたことでした。

しかも最大の貢献者は、倒幕側の人物ではありません。幕府老中の阿部正弘です。彼は、「開国・富国・強兵」という維新のグランドデザインを描きました。

幕末に「尊皇攘夷」を唱えていた倒幕側（のちの明治政府）の人々も最終的にはそれに賛同します。さらには大久保利通という強い胆力の持ち主がリーダーとして全体を取り仕切ったおかげで、明治維新は成功しました。あの混乱期にそういう傑出したリーダーが現れただけでも幸運です。

しかし、この成功の背景には、国際状況における幸運もありました。１８５３年に始まったクリミア戦争、すなわち、連合王国、フランス、オスマン朝、サルディーニャなどの連合軍と、ロシア帝国との戦いです。

これだけ大規模な戦争が起きれば、西洋列強の目は欧州に釘づけになります。極東の日本にかまっている余裕はありません。

もしクリミア戦争がなければ、ペリーの艦隊に続いて、西洋列強の艦隊が一挙に江戸湾に入ってきたかもしれません。そんなことになれば、阿部正弘も別の対応を迫られた可能性があります。たまたまクリミア戦争が起きていたおかげで、日本はかなり時間を稼ぐことができました。

さらに、ペリーの艦隊を日本に送り込んだアメリカも、国内が安定していたわけではありません。8年後の1861年には、市民戦争（南北戦争）が始まりました。これがなければ、日本をもっと激しく攻撃したかもしれません。明治維新に向けた動きは大きく変わったことでしょう。

クリミア戦争と市民戦争という偶然の巡り合わせによって、日本は幸運にも幕末に起きた逆境に適応することができたのです。

アメリカに立ち向かい、不可避的に敗れる

明治維新後も、日本の針路は順調でした。大英帝国とは日英同盟を結び、世界一の大国、アメリカとも良好な関係を築き上げて、1904年の日露戦争に臨みました。このとき、アメリカは日本の応援団でした。伊藤博文という舵取りも健在でした。日露戦争は日本の勝利に終わります。

1914年の第一次世界大戦から1932年の五・一五事件までは、日本の針路に影が差した時代です。

日本は国際連盟の理事国になり、アジアで有数の大国になります。一方、世界一の大国、アメリカは国際連盟には入りませんでした。禁酒法の時代です。日本に対しても、是々非々の立場になります。

1931年に日本は満州事変を起こし、翌年には五・一五事件が起き、政党政治に幕を引きます。

最後は侵略戦争（第二次世界大戦）の時代です。リットン調査団の報告を不服として、国際連盟を脱退した日本はドイツと手を結びました。明治維新のグランドデザインであ

った「開国・富国・強兵」を捨て、「富国・強兵」で行くと宣言します。

アメリカはルーズベルトの時代です。１９３３年から１９４５年まで大統領を務めました。ルーズベルトは日本の敵となり、世界一の大国は中国と手を結んで、日本の行く手に立ち塞がりました。

そんな中で日本は敗戦が不可避の戦いに打って出て、そのとおりに敗北したのです。

再び幸運に恵まれた戦後日本

大きな歴史の節目となった１９４５年の敗戦後、日本は再び幸運に恵まれました。それをもたらしたのも、やはり自分たちとは関係のないところで起きた紛争です。

１９４９年、中国では蒋介石の国民党と毛沢東の共産党による「国共内戦」が終結しました。ここで共産党が勝ったことで、戦後日本の置かれる環境が大きく変わったのです。

毛沢東が北京を押さえ、蒋介石が台湾に逃れたことで、アメリカは焦りました。蒋介石の中国と組んでソ連を封じ込めるつもりだったのに、その目算が狂ってしまったからです。しかも毛沢東はスターリンと組んで、中ソ同盟を結びました。

そこでアメリカにとって地政学的に重要な役割を持ったのが日本です。

それまでアメリカは、日本を二度と戦争のできない国にする方針でした。だから日本の工業を発展させる必要はないと考えていたのですが、東西冷戦下で中ソに対抗するためには、そうもいきません。日本列島を共産圏に対する防波堤とするには、工業国として大いに力をつけてもらう必要があります。そのためアメリカは、てのひらを返すようにして日本の戦後復興を助けるようになりました。

日本にとっての幸運はそれだけではありません。

中国で国共内戦が終わった翌年、こんどは朝鮮戦争が始まりました。アメリカのサポートを受けて復興に向かい始めたときに、すぐ近くで起きた戦争によって特需が発生したのです。

この「朝鮮特需」の総額は、１９５０年から１９５３年までで24億ドル、１９５５年までの累計は36億ドルに達しました。この時期の日本の通常貿易による輸出額は、年間10億ドル程度でした。特需がいかに大きかったかが、わかろうというものです。

実質で見たＧＤＰの総額も、１９５１年度には戦前水準を超えました。

これらの幸運に加えて、吉田茂という傑出したリーダーに恵まれたことも、戦後日本にとっては良い巡り合わせだったといえるでしょう。

首相だった吉田茂は、安全保障の確保をアメリカに依存することで軽武装を維持しながら、経済の復興と発展を最優先させる戦略を打ち出しました。いわゆる「吉田ドクトリン」です。これが戦後日本の高度経済成長につながったことはいうまでもありません。日本の経済規模（ＧＮＰ）は１９６８年にはアメリカに次いで世界第2位となりました（その後２０１０年には中国に抜かれ、日本のＧＤＰは現在、世界第3位です）。

幕末の阿部正弘もそうだったように、社会が歴史的な逆境に適応するためには、すぐれたリーダーの存在が欠かせないのです。

世界史に刻まれた「偶然」と「幸運」の数々

歴史の中で幸運に恵まれたのは、もちろん幕末や戦後の日本だけではありません。人類の歴史は、偶然の「運」に左右されてきました。僕は２０２２年11月に『一気読み世界史』（日経BP）という本を出しましたが、その中では「偶然」「幸運」「ラッキー」「強運」という言葉をたくさん使っています。

たとえば、紀元前1570年頃に成立したエジプトの新王国は、ツタンカーメンの黄金のマスクが出土した「王家の谷」の墳墓やルクソール神殿などで知られるように、栄華を誇りました。

この新王国がラッキーだったのは、紀元前1500年頃から、ライバルのメソポタミアがヒッタイトの侵入などを受けて分裂状態に陥ったことです。この偶然がなければ、エジプト新王国の繁栄はなかったでしょう。

また、中世のドイツとフランスの盛衰は、健康な赤ちゃんが生まれるかどうかという偶然にかかっていました。権力が世襲される君主制では、それこそが繁栄の基盤だからです。

10世紀にフランク王国が滅んだ後、ヨーロッパでは東のドイツにザクセン朝、西のフランスにカペー朝が生まれましたが、不思議なことにドイツは王家になかなか子どもが生まれません。ザクセン朝が断絶してザーリア朝になるなど、ほぼ100年ごとに王朝が交代していきました。

　それに対して、フランスのカペー朝は３５０年にわたって男子が生まれ続け、「カペー家の奇跡」といわれました。当初はドイツよりも小さな権力しか持っていなかったカペー家は、それによってどんどん強くなっていったのです。

　王家の血筋といえば、17世紀には三十年戦争でひどい目に遭ったハプスブルク家にも、その点で幸運が訪れたことがありました。

　偉大な君主であるフェデリーコ２世が１２５０年に死んだ後、ホーエンシュタウフェン家の血筋が絶え、誰もが認める王様がいなくなったドイツには、いわゆる「大空位時代」が訪れます。ここでドイツ諸侯は、あまり賢くなくて力のない人物を王様にしようと考えました。

　というのも、フェデリーコ２世の庶子マンフレディと孫のコンラディンは、いずれもイタリアで戦死しています。つまり、ドイツとイタリアを同時に支配しようとしたからホーエンシュタウフェン家の血筋が絶えてしまった。

　だからドイツ諸侯は、次も賢くて力のある人物を王様にすると、またイタリアに行ってしまうだろうと心配したわけです。

そこでドイツ王に推挙されたのが、スイスに小さい領地を持つハプスブルク家のルドルフでした。賢くなく、力もないとみんなが認めているのに王様になれたので、これはラッキーといえるでしょう。

しかもドイツ王になったルドルフは、意外にしたたかな人物でした。最初はドイツに領土を持っていませんでしたが、１２７８年にボヘミア王からオーストリアを奪い、ウィーンを手に入れます。それ以降、三十年戦争でフランスに敗れるまで、ハプスブルク家は大いに繁栄したのです。

「運」とは「適切なときに適切な場所にいる」こと

世界史の中でこのような例を数え上げれば、キリがありません。僕は歴史を知れば知るほど、この世は偶然の積み重ねで動いているという確信を深めます。そういう世の中で生き残るためには、やはり環境への適応力が欠かせません。

ネアンデルタール人研究の第一人者であるクライブ・フィンレイソンの『そして最後

にヒトが残った』（白揚社）という本によると、そもそも僕たちホモサピエンスがこの地球上で生き残ったのも、偶然だったようです。

ホモサピエンスと共存し、交配もしていたと考えられているネアンデルタール人は、森林で大型動物を狩猟するのに向いた筋骨隆々の体型をしていました。それが絶滅に追い込まれたひとつの理由は、地球環境の寒冷化と乾燥化です。それによって森林が縮小し、平原が広がり始めたことで、ネアンデルタール人は生きる場を失っていきました。

一方、ホモサピエンスの体はしなやかで持久力に富んでいます。森林向きのネアンデルタール人に対して、こちらは平原での狩りにも対応できる。

たしかに、長い距離を走ることのできる持久力がなければ、広大な平原で獲物を仕留めることはできません。だから、地球環境の変化に適応して生き残ることができたというのです。

ダーウィンが明らかにしたとおり、ホモサピエンスがそのような身体的特徴を備えたのは、たまたま起きた突然変異によるものです。その特徴が、たまたま環境に適応していた。ホモサピエンスが生き残れたのは、そんな幸運のおかげです。

そのタイミングで環境の変化が起きなければ、ネアンデルタール人が生き残って「現生人類」になっていたかもしれません。ホモサピエンスはたまたま運が良く、ネアンデルタール人はたまたま運が悪かったということです。

フィンレイソンは、生き残るために必要なのは「適切なときに適切な場所にいる」ことだと指摘しました。「運がいい」とは、そういうことだと僕も思います。

やるべきこと・できることを続けて幸運を待つ

どんなに性能のいい凧をつくっても、その場所に風が吹いていなければ、いくら一所懸命に走っても凧は揚がりません。逆に、たまたま良い風が吹けば、それほど頑張らなくても凧は揚がります。

人生における逆境と順境は、まさに凧にとっての風と同じでしょう。風の吹いていないときは、どんなにジタバタしても無駄なあがきにしかなりません。しかしひとたび風が吹きさえすれば、それこそ「力も賢さもない」と思われていたハプスブルク家のルドルフでも、王様になれるのです。

もっとも、いつ風が吹いて逆境が順境に転じるかは、ただの偶然なので予測ができません。そもそもそのとき凧を持っていなければ、揚げられない。慌てて凧をつくり始めても、完成したときにはまた風が止んでいるかもしれません。凧があっても、風が吹いたときに全力で走れるだけの体力がなければ、やはり凧揚げはできません。

歴史の中で幸運に恵まれた国や人物たちも、凧や体力などの準備を整えていたからこそ、そのチャンスをつかんで高くジャンプすることができたわけです。それが生き残りのために必要なもうひとつの条件、「適応」です。

ですから、目の前の逆境は、次の順境へ向けた準備期間だと考えればいい。そう心得てやるべきこと・できることを続けて、状況が転じるのを待つ。運は人間の力でコントロールできませんが、適応には関与の余地があります。

「運」と「適応」とは、そういうことです。

参考文献

出口治明『哲学と宗教全史』（ダイヤモンド社）
小坂井敏晶『社会心理学講義 〈閉ざされた社会〉と〈開かれた社会〉』（筑摩書房）
小坂井敏晶『増補 責任という虚構』（ちくま学芸文庫）
出口治明『一気読み世界史』（日経ＢＰ）
出口治明『歴史を活かす力 人生に役立つ80のＱ＆Ａ』（文春新書）
出口治明『還暦からの底力 歴史・人・旅に学ぶ生き方』（講談社現代新書）
出口治明『人生の教養が身につく名言集』（三笠書房）

第5章
逆境を生き抜いたリーダーたち

優れたリーダーとは逆境に適応できる人

いまの地球には、動物だけでも１４０万種もの生物が存在しています。植物や細菌まで含めれば３００万種とも1億種ともいわれ、その多様性はじつに驚くべきものです。

そして、この生物多様性を生んだ仕組みを解き明かしたのが、ダーウィンの進化論でした。40億年前に登場した単細胞生物が、突然変異と自然淘汰というシンプルなメカニズムだけで、現在のような豊かさを獲得したのです。

新種誕生のスタートラインである変異体は、何世代にもわたって受け継がれ、生き残ってきたものとは違う遺伝子を持って生まれてくるので、いわば「マイノリティ」です。

実際、ほとんどの変異体は環境に適応できず、子孫も残せません。基本的に、生まれたときから逆境に置かれた弱い立場です。でも、そんなマイノリティが環境に適応して生き残ることで、生物の世界は多様性をどんどん広げてきました。

これは、僕たち人間の社会にも当てはまると思います。

強い立場のマジョリティばかりが生き残ったのでは、社会は多様化せず、単調でつまらないものになってしまうでしょう。

マジョリティに都合良くつくられた社会は、マイノリティにとっていろいろな面で逆境です。しかし、マイノリティがそれに適応して活躍の場を広げることができれば、ひとりひとりの人生が豊かになるだけでなく、社会全体が活気に満ちたものになるのではないでしょうか。

これまでの歴史を振り返ると、マイノリティの立場だった人物がリーダーとなって活躍した例は決して少なくありません。逆境にうまく適応できることが、優秀なリーダーの条件だといってもいいぐらいです。

たとえば、前章でも名前の出たフェデリーコ（フリードリヒ）２世は、４歳のときにさまざまな事情から「孤児」という境遇になった人物です。

中世のドイツでは王家が子宝に恵まれず、短期間で王朝が交代したことは前にもお話ししました。フランク王国が滅んだ後に誕生したザクセン朝も、その後を受けたザーリア朝も、建国から１００年程度で断絶しています。

その次に登場したのが、のちにフェデリーコ２世を世に送り出すホーエンシュタウフエン朝です。

4歳で孤児となり後ろ盾もなかったシチリア王フェデリーコ

そういう家系に生まれたので、本来なら圧倒的なマジョリティ（強者）として順風満帆な人生になりそうなものです。

実際、フェデリーコは1194年に生まれたときから、父親のハインリヒ6世からはローマ皇帝位（＝ドイツ王位）、母親のコンスタンツェからはノルマン・シチリア王国を受け継ぐことが約束されていました（コンスタンツェはノルマン・シチリア王国の王女でした）。

でも、やはり人生はいつ逆境に転じるかわかりません。まず、絶頂期にあった父親のハインリヒ6世が病気で死んでしまいました。そのときフェデリーコはまだ3歳、皇帝位を継ぐには幼すぎます。

そのため、ハインリヒ6世の弟フィリップがドイツ王となりました。しかしフィリップはローマ皇帝としての戴冠を目前にして暗殺され、ホーエンシュタウフェン家のライバルだったヴェルフ家のオットー４世が皇帝位に就きます。

一方、シチリア王位はフェデリーコに継承され、母親のコンスタンツェが摂政となりました。

しかしシチリアの貴族たちは、ハインリヒ６世の時代にドイツ人の風下に立たされて悔しい思いをしていたので、彼らの反発を受けたコンスタンツェは、立場が苦しくなります。身の置き場をなくしたコンスタンツェは、ローマ教皇インノケンティウス３世に、後見人となってフェデリーコを育ててくれるよう頼みました。

このインノケンティウス３世は、政治に口を出すのが大好きな俗物でした。後見役を引き受け、フェデリーコをシチリア王として認めるにあたっては、「ノルマン・シチリア王国はもともと教皇のものだと認めよ」といった法外な条件をつけます。

その後、心労がたたったのか、コンスタンツェは１１９８年に病死します。４歳のフェデリーコは、こうして孤児となってしまったわけです。

後見役の教皇はフェデリーコをローマに呼ぶわけでもなく、シチリアに家庭教師団を送るぐらいのことしかしません。

頼りになる後ろ盾を得られないフェデリーコは、自分の地位を利用する者たちに囲まれて育ちました。貴族同士の抗争に巻き込まれて人質生活を送り、気の毒がった市民に食事を分け与えられたこともありました。シチリア王という立派な身分からは想像もつかない苦しい日々です。

ローマ教皇を絶対視しない教養を身につける

しかし、幼少期をシチリアの中心都市パレルモで過ごしたことは、フェデリーコにとって大きな財産になりました。

当時のパレルモは、いまのニューヨークのような国際都市でした。イタリア語やドイツ語だけでなく、アラビア語、フランス語、ラテン語、ギリシャ語などさまざまな言語が飛び交う多様性に満ちた都会です。

フェデリーコは、そこで幅広い教養を身につけました。これがのちにローマ皇帝となったときに生かされます。

1220年、ローマ皇帝としてフェデリーコが戴冠する際、ローマ教皇は十字軍への参加を条件にしたつもりでした。

しかしフェデリーコは「いつか必ず行きますから」などと曖昧なことしか言いません。その後もなかなか十字軍を実行しないことに不満を募らせたローマ教皇グレゴリウス9世は、フェデリーコに対して破門をちらつかせました。

あの時代のローマ皇帝にとって、破門は絶対に避けたいものです。有名な「カノッサの屈辱」を思い起こせば、それがどれぐらい恐ろしいことかわかります。

1076年に教皇グレゴリウス7世から破門されたザーリア朝の皇帝ハインリヒ4世は、その翌年、カノッサ城に滞在していた教皇を訪ね、雪の中で裸足のまま3日間も断食して赦しを請い、破門を解かれました。事実は異なったようですが、当時の権力者にとって、宗教的権威が絶対的なものだったことを象徴する事件です。

しかしフェデリーコは、破門をまったく恐れず、教皇を相手にしませんでした。幼少期をパレルモという国際都市で過ごしたフェデリーコは、宗教を相対化できるほどの深い教養を備えていたからです。やがて訪れる近代社会を先取りするセンスの持ち主だったともいえるでしょう。

イタリアに戻ったフェデリーコは、１２２４年に官僚養成校としてナポリ大学を創設します。また、１２３１年に公布した「皇帝の書」（メルフィ法典、シチリア法典）は、貴族や聖職者などの権利制限、司法・行政制度の確立などを含んでいました。まさに近代的な中央集権国家をつくろうとしたのです。

また、パレルモの宮廷では数学者のレオナルド・フィボナッチがフェデリーコに仕えたり、スコットランド人の占星術師マイケル・スコットがアリストテレスの著書を翻訳したりしていました。イタリアのルネサンスは、ここに原点があったともいえます。

もしフェデリーコが幼少時をローマで過ごし、宗教的権威を絶対視する人間に育っていたら、その後の西洋史は違うものになっていたかもしれません。孤児という逆境は、フェデリーコにとって、将来の順境へ向けた大いなる準備期間だったのです。

超大国の唐を50年も仕切った女帝・武則天

次に、強いリーダーとして世界史を彩ってきた女性たちの話をしましょう。

現代の社会でも、女性はマイノリティです。ヨーロッパでは女性政治家もずいぶん目立つようになったものの、やはり男性優位であることは間違いありません。とくに日本はジェンダーギャップがきわめて大きく、女性にとっての逆境が続いています。

しかし、歴史上、そんな逆境に適応して活躍した女性リーダーは少なくありません。

僕がとりわけすごいと思うのが、中国の長い歴史の中で唯一の女帝として知られる武《ぶ》則天《そくてん》（則天武后）です。なにしろ世界帝国となった唐を50年もの長きにわたって仕切っていたので、その強さは半端なものではありません。

7世紀前半の中国では、名君と呼ばれた唐の2代皇帝・太宗がおよそ四半世紀にわたって国を治めていました。

しかしその跡を継いだ高宗は、あまり出来が良くありませんでした（名君の子は往々にしてそういうものです）。意志が弱く、政治的な能力が乏しい上に、病気がちでもありました。

その高宗が恋をしたのが、かつて父親の愛人だった武則天です。

皇后を離縁した高宗は、６５５年に武則天を皇后として迎えました。武則天は、常に指示をあおぐ夫に対して、玉座の奥の御簾《みす》の陰から意見を言うようになります。

徐々に政治の実権を握った武則天は、当初、周囲から厳しい目で見られました。下層貴族の出身だったからです。大貴族たちから見れば、武則天は成り上がり者のマイノリティです。

この逆境から自分を守るために、武則天は味方をつくらなければいけないと考えました。そこで目をつけたのが、6世紀に隋の文帝が高級官僚を登用するために始めた試験制度（のちの科挙）です。

彼女は、この難関試験を突破したエリート官僚たちを味方につけ、「大貴族対少壮官僚」という対立の構図をつくり上げます。

武則天は下層貴族出身であるのに加えて、「女性」という点でもマイノリティです。皇后という立場だったので、当初は御簾の陰から指示を出す「垂簾《すいれん》政治」を行っていましたが、やがてそれが煩わしくなります。

そこで彼女は、「皇帝・皇后」という称号を「天皇・天后」に変えました。中国では、周の時代から「天」は天上の神様のことです。「皇帝の后」という意味の「皇后」は皇帝に従属する名称ですが、どちらも「天」がつけば対等な関係になります。

名前を変えてから、武則天は閣議でも高宗と並んで座り、意見を言うようになりました。これを「二聖政治」といいます。

武則天をロールモデルに国づくりを進めた持統天皇

６８３年に高宗に先立たれた後、武則天は中宗と睿宗《えいそう》という２人の息子を順に皇位に就けました。でも、やはりそれでは満足できなかったのでしょう。７年後の６９０年には自ら玉座に座ります。

しかし、中国の歴史でも前例のない初の女帝です。「二聖政治」のときとは違う権威づけをする必要があります。

そこで彼女は、女帝としての正統性を仏教に求めました。「大雲経」というお経を根拠にして自らを弥《み》勒《ろく》菩《ぼ》薩《さつ》の化身と称したのです。

というのも、菩薩には性別がありません。いわば両性具有の存在なので、その化身である武則天が皇帝になることには何の問題もないというわけです。

現代の感覚に照らせば、男性なら必要のない「正統性」をわざわざつくり出さなければならないこと自体が、おかしな話です。しかし男尊女卑社会という逆境に適応し、たくましく生き抜くためには、そういう知恵と工夫が必要でした。

そして日本でも、この武則天をロールモデルとした女帝が登場しました。歴代天皇の中でもダントツの業績を上げた持統天皇です。

武則天が夫の高宗を差し置いて政治の実権を握った頃、持統天皇は10歳ぐらいでした。当時の中国はいまのアメリカのような超大国なので、女性がリーダーとなったことは日本にも伝わり、大きな話題となったにちがいありません。

大国・唐もそうでしたから、持統天皇も、「自分にもできる」と勇気づけられたのではないでしょうか。天皇となってから、藤原不比等《ふひと》という超優秀な官僚が側近として支えていた点も、武則天とよく似ています。

持統天皇と藤原不比等は、白村江《はくすきのえ》の戦いで惨敗して国家存亡の機にあった世の中を立て直そうとしました。そのために、まず中国の都城にならって藤原京を造営、唐や新羅《しらぎ》に対抗できる中央集権国家の建設に邁進し、律令国家を成立させました。

大国の唐と張り合うために「日本」という国号を名乗り、武則天がつくった「天皇」

という称号を持ち込んだのもこのときです。この時代に日本という国の根本ができ上がったという意味で、持統天皇は日本の生みの親ともいえます。

女性リーダーの活躍によってできた国なのだから、いまの日本もジェンダーギャップをなくし、女性であることがハンディにならない社会を早くつくらなければいけないと思います。

ロシア最強の女帝エカチェリーナ2世の逆境

歴史に名を残した女帝といえば、ロシアのエカチェリーナ２世も忘れてはいけません。プーチン大統領はピョートル大帝を崇拝しているそうですが、エカチェリーナ２世もピョートル１世と並んで「大帝」と呼ばれた、ロシア史上最強の女帝です。

武則天は下級貴族の出身でしたが、エカチェリーナも北ドイツの貧しい貴族の家に生まれました。それがロシアに行くことになったのは、１７４１年にクーデターを起こしてロシア皇帝となった女帝エリザヴェータに目をつけられたからです。

エリザヴェータの父親は、あの「大帝」ピョートル１世です。彼女がクーデターを起こしたのは、帝位をピョートルの系統に取り戻すためでした。

しかしピョートルの血を引く男子は、ドイツの公爵に嫁いだ姉アンナの息子しかいません。それがのちのピョートル3世なのですが、ドイツからサンクトペテルブルクに連れてきて帝王教育を施しても、ロシア語も東方教会のことも何ひとつ覚えようとしない。それ以前に、挨拶もまともにできないような若者でした。

落胆したエリザヴェータは、ピョートルを早く結婚させて、生まれてくる子に帝位を継がせようと考えます。その結婚相手として目をつけたのが、エカチェリーナにほかなりません。

エカチェリーナは、かつてエリザヴェータの入婿候補だった青年貴族の姪《めい》でした（その青年はエリザヴェータと結婚する前にロシアの寒さが原因で死んでしまいました）。エリザヴェータは、元婚約者の姪なら賢いはずだから、良い子を生んでくれるだろうと思い、まだ14歳だったエカチェリーナをロシアに連れてきたのです。

北ドイツで暮らしていた10代の娘が、突然、帝位を継ぐ子を生むためにロシアに連れていかれたというのは、それだけですさまじい逆境といえます。

しかしエリザヴェータが期待したとおり、エカチェリーナは賢い娘でした。ピョートルのような男と結婚するのは不本意だったでしょうが、生家が貧しい彼女にとって、これは大きなチャンスでもあります。

「もうロシアで生きていくしかない」と腹をくくったエカチェリーナは、ロシア語を猛烈な勢いで勉強しました。頑張りすぎて熱を出して倒れたこともあるほどです。夫のピョートルとは大違いで、周囲も「彼女は本気でロシア人になろうとしている」と信用したことでしょう。

エリザヴェータの目論見どおり、エカチェリーナは１７５４年に男児を生みました。しかし、パーヴェルと名づけられたその子は、エリザヴェータによって母親から引き離されてしまいます。

孤独になったエカチェリーナは、それでもさらに勉強に励みました。ロシア語だけではありません。貧しいとはいえ貴族出身の彼女にはフランス語の素養もあり、『法の精神』のモンテスキューや『百科全書』のディドロらと文通しながら、啓蒙思想も学んだのです。

勉強に励み、チャンスを生かして、ロシアに君臨

パーヴェル誕生から2年後の1756年、プロイセンとオーストリアの対立を軸とした戦争が始まりました。プロイセンが連合王国、オーストリアがフランス、ロシアと組んでヨーロッパ全体に広がったこの戦争は、1763年まで続きます。いわゆる「七年戦争」です。

1760年には、ロシア軍がプロイセンの首都ベルリンを占領しました。窮地に追い込まれたプロイセン王のフリードリヒ2世は自殺を考えたほどです（前に取り上げたフェデリーコ2世とは、もちろん別人です）。

ところがこのとき、女帝エリザヴェータが急死してしまいました。跡を継がせるつもりだったパーヴェルはまだ7歳です。そのため、エカチェリーナの夫ピョートル3世が皇帝になりました。本当に、歴史は偶然の巡り合わせで何が起こるかわからないものです。

しかしドイツ人の彼は、ロシア語も覚えようとしなかったぐらいで、ロシア皇帝なのにロシアが嫌いです。しかもフリードリヒ2世を崇拝していました。そのため、せっかく占領したベルリンからロシア軍を引かせ、プロイセンと和平を結ぶよう命じます。

当然、ロシア軍は激怒しました。苦しい戦いを耐えて敵の首都を手中に収めたのに、あろうことか自分たちの皇帝が、賠償金も取らずにそれを手放せと言うのです。この怒りは、クーデターにまで発展しました。

そのクーデターのリーダーとなったのが、ピョートルとの結婚当初からロシア人の心をとらえていたエカチェリーナです。

１７６２年４月、すでにピョートルとは別居状態だったエカチェリーナは、近衛連隊のリーダーだったオルロフという男性とのあいだに不義の子を生みました。それから３カ月後に、オルロフとその兄弟を使ってクーデターを起こしたのです。

白馬にまたがって近衛連隊の先頭に立ったエカチェリーナは、夫を引きずり落とし、女帝エカチェリーナ２世としてロシアに君臨することになりました。

ロシアの王家と血縁的には何のつながりもない彼女がロシア皇帝になれたのは、ピョートル３世が無能なロシア嫌いだったことと、後継ぎのパーヴェルがまだ幼かったという偶然によるものです。

でも、たまたま与えられた環境に適応しなければ、そのチャンスを生かすことはできません。「ロシアで生きていくしかない」と心に決め、そのための勉強に励み、豊かな教養とロシア人の信頼を得ることで、エカチェリーナは自分が投げ込まれた環境に適応したわけです。

ちなみに、ロシアとウクライナのあいだで火種になったクリミア問題の源は、エカチェリーナ2世の時代にあります。ピョートル大帝が開けた西方への窓を広げたいと願っていたエカチェリーナ2世は、オスマン朝との2度の戦争に勝利し、クリミア半島をロシアに編入したのです。

それ以降、クリミアはロシアの領土でしたが、ニキータ・フルシチョフがソビエト連邦のトップの座に就いたときに、ウクライナにプレゼントとして渡してしまいました。第二次世界大戦中からウクライナで活動していたフルシチョフとしては、ウクライナの支持基盤を固める意味合いもあったのでしょう。当時はロシアもウクライナもソ連の一員だったので、これは領土変更とまではいえないと思います。

ところがソ連の崩壊によってウクライナが独立国となったため、クリミア半島の帰属は深刻な火種になります。

いま起きているウクライナ戦争は、2014年に、ロシアがクリミア半島を武力で実効支配したところから始まったともいえます。ウクライナから手を引こうとしないプーチンはピョートル大帝を崇拝していますが、そこにいたる歴史の中には、もうひとりの「大帝」エカチェリーナ2世の存在があるのです。

逆境を生き抜くためには、まず「あきらめる」

エカチェリーナ2世の生き方には、逆境に適応して生き抜くための大きなヒントが隠れています。僕自身も、病気で倒れる以前から、逆境にさらされたときはそれを心がけていました。

それは、いったん「あきらめる」ことです。

もちろん、より良い人生を送ること自体をあきらめるわけではありません。むしろ、未来の人生をより良いものにするために、目の前にある逆境をあきらめるのです。

戦争やパンデミックや大地震、個人の身にふりかかる病気や左遷や経済苦など、人生には不条理としか思えないことが起こります。

偶然の巡り合わせで訪れた逆境は、自分の力ではどうすることもできません。だから、「どうしてこんなことになったんだ」とか「どうすれば元の生活に戻れるんだ」などと考えても、仕方がない。

逆境自体は「どうにもならない」とあきらめて、自分の置かれた環境にどう適応するかを考えるべきです。

エカチェリーナの場合、ロシアの女帝エリザヴェータに白羽の矢を立てられたのが人生最大の転機でした。ドイツ人の娘がいきなり「ロシア皇帝の後継者を生む」という役割を担わされたのですから、大変な境遇の変化です。

でもエカチェリーナは悪あがきすることなく、「もうロシアで生きていくしかない」と心に決めました。少女がドイツで夢見ていた幸せな未来は「あきらめた」のだと思います。それによって、ロシア語や啓蒙思想などの勉強に邁進することができました。

「あきらめる」とはファクトを明らかにすること

「あきらめる」とは「運命を受け入れる」ことでもあります。運命論者には、後ろ向きでネガティブな印象があります。

実際、スポーツ選手が試合の途中で勝つことを諦めるのは、あまり褒められたことではありません。応援する人は必ず「諦めずに最後まで戦え」などと言います。

２０２２年のＦＩＦＡワールドカップで、強豪国のドイツとスペインに逆転勝ちした日本代表チームは、その「諦めない戦いぶり」が称賛されました。

でも辞書で「あきらめる」を引くと、「諦める」のほかに「明らめる」という漢字表記があります。意味は「明るくさせる」「事情などをはっきりさせる」（広辞苑）。「あきらめる」の原義はこちらのほうで、決して悪い意味ではありません。

物事を考えるときに僕がいつも「数字・ファクト・ロジック」を大切にしていることはすでにお話ししました。その中の「ファクト」をつまびらかにして判断の材料にするのが、「あきらめる」ということです。

まずはあきらめなければ、次に向けてロジカルに考えることができません。

仏教に、わが子を亡くして悲嘆にくれる若い母親の話があります。子どもの亡骸《なきがら》を抱えた母親は、釈迦に会いに行き「赤ん坊を生き返らせてほしい」と頼みます。気の毒がった釈迦は、母親にこう伝えました。

「村へ帰って、芥子《けし》の実を2、3粒もらってきなさい。そうしたら赤ん坊を生き返らせてあげよう。ただし、芥子の実は死者を一度も出したことのない家からもらわなければならないよ」

わが子の命を取り戻したい一心で取り乱している母親には、釈迦がつけ加えた条件の真意がわかりません。彼女はさっそく自分の村に戻り、家々を訪ね歩きました。

芥子の実はどの家にもあるので、彼女にそれを求められた人たちはみんな喜んで差し出そうとします。でも、釈迦の示した条件に合う家はありません。これまで死者を出したことのない家など、1軒もない。祖父母や両親を亡くしているのはもちろん、「うちは娘も亡くしている」という家もありました。

そうやって村中を歩き回っているうちに、母親はようやく釈迦の言葉の意味に気づきます。生きとし生ける者は、いつか必ず死ぬ。そして、死んだ者は生き返らない。

こうして、彼女は心の平安を取り戻しました。まさにファクトを知って「あきらめる」ことで、彼女はわが子の死という逆境に適応したのです。

運命を受け入れてベストを尽くす

「失ったものを数えるな、残されたものを最大限に生かせ」

これは、「パラリンピックの父」と呼ばれるルートヴィヒ・グットマンの言葉です。

第二次世界大戦で障がい者となった傷痍《しょうい》軍人たちを治療したグットマンは、そのリハビリにはスポーツが最適だと考えました。そこで１９４８年に始めたのが、現在のパラリンピックの前身となったストーク・マンデビル競技大会です。

グットマンの言葉も、まさに身体障がいという現実を「あきらめる」ことで逆境に適応させようとするものでしょう。失った機能は戻ってこないというファクトに基づいて、何ができるかを考えるのです。

失ったものをあきらめたアスリートたちが、残った能力を駆使して見せるすばらしいパフォーマンスは、２０２１年の東京パラリンピックでも大いに人々を感動させました。

僕はアスリートではありませんが、障がい者となってからは、やはりいろいろなことをあきらめました。

最初にあきらめたのは、自分の足で歩くことです。第1章でお話ししたとおり、理学療法士の先生から「歩行訓練を続けても、退院までに外を自由に歩けるようにはならない」というファクトを示され、リハビリの時間をほかのことに使うために、電動車いすに乗ることを決めました。

左手で書く練習を始めたのも、まひした利き手を使うことをあきらめたからです。

わが子を亡くした母親と同じで、神様・仏様に「これまでどおり右手で書けるようにしてください」とお願いしても、仕方がありません。残った能力を最大限に生かして、右半身まひという逆境に適応するだけのことです。

その一方で、言語障がいという逆境については、何も「諦めて」いません。いまはまだ言葉が不自由ですが、一所懸命にリハビリに励めば、必ず以前のように話せるようになると思っています。

もちろん、それは僕の勝手な思い込みではありません。僕を診てくれた医者が「言葉は取り戻せます」と専門家として言ってくれたので、これはファクトに基づく判断です。

２０２２年のＦＩＦＡワールドカップで、ドイツやスペインに先制点を許したときの日本代表チームも、同じようなことを考えたのではないでしょうか。

たしかに強豪国に0対1で負けている状況は、かなり厳しい逆境です。でも、負けが決まったわけではない。後半で逆転できる可能性は十分にある。それがファクトです。

ドイツ戦の前日には、テレビで「2対1で日本が勝つ」と予想していた人もいました。両チームの戦力から考えて、まったく絶望するような試合展開ではない。ファクトに基づいてロジカルに考えれば、「逆転は可能」という答えになります。

つまり、ファクトを「あきらめる」ことによって、「だから諦めない」という結論になり、その先の勝利だったといえるわけです。

僕にとっては「あきらめる」は、「運命を受け入れてベストを尽くす」ことと同義です。ここまでお話ししてきたことからおわかりいただけるように、それは精神論ではなく、最も合理的な、逆境の乗り越え方なのです。

モンゴル帝国の主導権争い

ここでもうひとり、逆境をあきらめることで、結果的に世界史に名を残す業績を残したリーダーをご紹介しましょう。

数多いる歴史上の人物の中でも、僕がとくに深い尊敬の念を抱いている人物、モンゴル帝国の5代目カアン（皇帝）、クビライです。

モンゴル帝国は、カアンを名乗る皇帝を中心として、創始者チンギス・カアンの子孫の王族たちが支配するウルス（国）が集まってつくられた連合国家です。最盛期の領土は地球の陸地のおよそ17％を占めていました。人類史上、大英帝国に次いで2番目に大きい帝国です。

チンギス・カアンには、ジョチ、チャガタイ、ウゲティ、トルイという4人の息子がいました。

チンギスの死から2年後の１２２９年に2代目カアンになったのは、三男のウゲティ。3代目カアンはウゲティの長男グユク。４代目カアンはトルイの長男モンケ。クビライはトルイの次男、つまり4代目モンケの弟です。クビライの下にも、三男のフレグ、四男のアリクブケという2人の弟がいました。

１２５１年にカアンとなったモンケは、クビライに南宋遠征、その弟のフレグに西方遠征をやらせることを決めます。

兄の命を受けたクビライは、雲南《うんなん》の大理《だいり》国《こく》（937年にチベット系のペー族出身の段《だん》思《し》平《へい》が樹立した国家）に遠征し、これを滅ぼしました。さらに内モンゴルに開平府《かいへいふ》（上都《じょうと》）という町を開き、そこからゆっくりと中国を征服していこうとします。

しかし慎重な性格のクビライに対して、兄のモンケはせっかちなタイプで、クビライのスローペースに苛立ち、総司令官だった弟を更迭して上都で謹慎させます。

ところが、自ら陣頭指揮を取ろうとしたモンケは、四川省で熱病にかかって死んでしまいました。ここから、クビライとその弟のアリクブケのあいだで跡目をめぐる戦争が始まります。

モンケが中国遠征に行った後、アリクブケは首都カラコルムを任されていました。モンケの死後にアリクブケがカアン位を継いでも、それほどおかしなことではありません。しかもモンゴルには末子相続の慣習があります。

また、モンゴル帝国では、カアンの選定のような重要事項を決めるとき、本来なら「大クリルタイ」を開かなければいけません。クリルタイとは、王族や有力部族の首長などが集まる政治会議のことで、何カ月もかかる長い宴会を伴う一大イベントです。

ところがクビライは、中国に地歩を固めつつあった自分たちのグループだけで「小クリルタイ」を開き、自らカアンに即位したと宣言しました。いろいろな意味で従来の慣習にそぐわない形で、一種のクーデターを起こしたのです。

もちろん、首都を任されていた末子のアリクブケも黙っていません。こちらもカラコルムでクリルタイを開き、即位を宣言しました。

並び立ってしまった兄と弟に挟まれたフレグは、モンケの訃報を知ったとき、現在のシリアからエジプトに攻め入る寸前でした。

そこからいったんモンゴルに戻ろうとしますが、兄と弟が争っていると聞き、「きっと優秀なクビライのほうが勝つだろう」と考えます。ならば、自分にはカアンになるチャンスがない。そう見極めたフレグは、ペルシャで自立する道を選びました。こうして、フレグ・ウルスという国が生まれます。

モンゴル帝国全体の支配をあきらめて中国に集中したクビライ

フレグの見立てどおり、兄と弟の戦争は、それから4年後にクビライの勝利で決着しました。降参したアリクブケはその2年後に病死します。

ここにいたって、クビライは正式な大クリルタイを開こうと考えました。実質的にはカアンになったようなものですが、やはり正式な手続きを経ないと正統性に疑問符がつきます。大クリルタイを開いてカアンに即位すれば、権力基盤も盤石になります。

当時のモンゴル帝国は、クビライの中国、フレグがペルシャにつくったフレグ・ウルスに加えて、ジョチ（チンギスの長男）の息子バトゥがロシアのヴォルガ川のほとりにつくったジョチ・ウルス、そしてチャガタイ（チンギスの次男）が中央アジアにつくったチャガタイ・ウルスの4グループに分かれていました。

クビライは、ペルシャからはフレグ、ロシアからはジョチの三男ベルケ、中央アジアからはチャガタイの孫アルグを招いて、１２６６年に大クリルタイを開こうとします。

ところが、クビライの思惑どおりにはなりませんでした。ほかのグループがクビライに反旗を翻したというわけではありません。なんと、クリルタイ招集の伝令を走らせてから間もなく、フレグ、ベルケ、アルグの3人が揃いも揃って病死してしまったのです。

これでは、大クリルタイどころではありません。ペルシャもロシアも中央アジアも、後継者争いで大混乱です。

また、その混乱に乗じて、クビライに対する反乱を起こす者もありました。かつてモンケに滅ぼされたウゲティ・ウルスという国の残党です。これには、クビライもかなり手こずりました。

しかし、ここで方針の大転換を図ったのがクビライというリーダーの賢明さです。彼は、モンゴル全体を治める大カアンになることをあきらめました。無理やりやれないこともありませんが、ペルシャ、ロシア、中央アジアは中国からかなり離れています。それなりに気脈の通じていたフレグ、ベルケ、アルグが生きていれば任せることもできますが、それぞれ後継者が誰になるかもわからない中で、すべてをクビライが統治するのは、コストがかかりすぎて割に合いません。

自らが置かれた状況をそうやってロジカルに「あきらめた」クビライは、持てるエネルギーをおのれの足元に集中することにしました。自分は中国の皇帝で十分だと割り切り、1271年に大元ウルス（元）という国をつくったのです。

もしクビライが全モンゴル帝国の支配をあきらめなかったら、エネルギーが分散されてしまい、結局は中国を支配することさえできなかったかもしれません。

グローバリゼーションを体現した偉大なリーダー

逆境におけるこの見事なあきらめ方のほかにも、僕がクビライを尊敬する理由はいくつかあります。

そのひとつは、彼の抜群な経済センスです。クビライが始めた「銀の大循環」は、天才的ともいえる経済政策でした。

大元ウルスはモンゴルの宗主国なので、新年には世界中から王族の使節が貢ぎ物を携えて挨拶に来ます。その返礼として、クビライは「銀錠《ぎんじょう》」という銀の塊を渡しました。これは当時の国際通貨なので、キャッシュを与えるようなものです。

これをもらったほうは、利子をつけて商人に貸し与えます。資金を得た商人は、それで商品を仕入れて売ることで利益を得ます。

そして中国には、お茶、絹、陶磁器など、誰もが欲しがる国際商品がたくさんありました。それを買いつけた世界中の商人が、銀で決済します。

こうして、クビライが返礼として渡した銀は中国に還流する。さらにそれを税金として吸い上げることで、銀はクビライの元に戻ってきます。これが「銀の大循環」です。

これは、キャッシュを持たない商人にファイナンスをすることでマネーサプライを大幅に増やし、その結果みんながハッピーになるというすぐれた経済政策でした。国際商品に恵まれた中国だからこそ可能になった政策ですが、その「地の利」を生かしたクビライのアイデアは、じつに斬新ですばらしいと思います。

また、クビライには多様性を柔軟に受け入れる姿勢がありました。民族や出自に関係なく、能力のある人間をどんどん登用したのです。

そもそもクビライの打ち出す政策は、「銀の大循環」を見てもわかるように斬新で合理的であり、中国伝統の科挙を通ってきた頭の古いエリート官僚には理解できません。

そのためクビライは、科挙を実施しませんでした。そして、ウイグル人、アラビア人、ペルシャ人など、政権を支えるために、世界中から優秀な人材を集めたのです。

モンゴル帝国全体を支配することはあきらめ、中国に集中したクビライですが、その視野はきわめて広いものでした。経済政策にしろ、多様な人材登用にしろ、身をもってグローバリゼーションを体現した偉大なリーダーだったと僕は思います。

阿部正弘と吉田茂は「あきらめ」が良かった

クビライの「あきらめ」の良さと、多様性を受け入れる柔軟な発想は、いまの日本の政治家も見習うべきかもしれません。

現在の日本における最大の課題のひとつは、少子化対策です。人口の減少は、国を衰退させます。

しかし、岸田文雄首相は「異次元の少子化対策」（従来とは次元の異なる少子化対策）を検討するなどと言ってはいるものの、これまでの政権と同様、有効な手が打てるかどうかわかりません。

もしクビライが現在の日本のリーダーだったら、どんな対策を打ち出すでしょうか。

これは想像するしかありませんが、まず「日本人」という概念を変えてしまうのではないかと思います。つまり、従来の「日本人」だけで人口を増やすことをあきらめる。

そして、科挙をいったん止めてウイグル人、アラビア人、ペルシャ人などから優秀な若手を登用したように、日本という国が好きな外国人をどんどん「新しい日本人」として受け入れるのです。

「異次元」などと大げさな言葉を使うなら、それぐらい大胆な発想があってもよいと思います。

逆境を乗り越えるための大胆な発想は、まず現状を「あきらめる」ことから生まれます。かつては日本にも「あきらめ」の良いリーダーがいました。第4章で名前の出た阿部正弘と吉田茂もそうです。

阿部正弘は、グローバルな状況をファクトとしてしっかりと把握した上で、長く続けてきた鎖国という政策をあきらめました。その上で、開国・富国・強兵というグランドデザインによって、日本を逆境に適応させようとしました。

吉田茂も、冷戦構造というグローバルなファクトを認識し、自主防衛をあきらめました。安全保障をアメリカに依存し、経済政策に集中することで、敗戦という逆境から日本を立ち直らせる道を選択したのです。

でも、いまは「あきらめ」の良いリーダーがあまり見当たりません。むしろ、みんなに良い顔をして選挙で勝つために、「あれもやります」「これもやります」と何もあきらめようとしない政治家が多いのではないでしょうか。

ファクトに基づいてロジカルに「できる」と言っているならよいのですが、多くは口先だけの無責任な話のように見えます。「これはできません」と言い放つのは、政治家にとって勇気のいることでしょう。しかし、ファクトに基づいてロジカルにあきらめることができる人こそが、信頼に足る人だと思います。

選挙で投票ができるという幸運

日本だけでなく、いまの世界はさまざまな形で逆境にさらされています。

歴史は偶然の連続なので、どんな人がリーダーであってもうまくいくラッキーな状況もあれば、リーダーの判断ひとつで国の命運が左右される、厳しい状況もあります。そして、人は生まれてくる時代や国を選べません。

国を率いるリーダーにどうも問題があり、信頼できないときにはどうしたらいいのか。

そんなときの適応のひとつの方法は「逃げる」ことです。

もちろん世界中の誰もが圧政から逃げられるわけではありません。

でも、江戸時代に日本を出てシャムに渡り活躍した山田長政のように、どんな時代にも、自分のやりたいことができる地を求めて、生まれた国を飛び出した人がいます。

日本は島国なので、なかなか「逃げる」という発想を持ちにくいのだと思います。ですが、ユーラシア大陸も、アフリカ大陸も、そこにある国はすべて地続きです。そして国と国を隔てる壁は、昔に比べればはるかに低くなっています。

とくに、若い人たちには、いま生きている場所が窮屈だったりつらかったりするときは、「生きる場所はここだけではない」「逃げる」という発想を持ってほしいと思います。

そして、言うまでもありませんが、政治家があまり優秀でなく信頼できないときに、僕たちがまずすべきは、「選挙で投票すること」です。

現在の日本社会が多くの問題を抱えていることはたしかですが、自由と民主主義を掲げる憲法を持った日本に生まれ、暮らしていられることは、歴史の「大きな目」で見れば、幸運なことなのです。

逆境の時代だからこそ、投票という権利を無駄にせず行使することは、とても重要な「ベストを尽くす」行動だと、本書の最後にお伝えしたいと思います。

参考文献

出口治明『世界史の10人』（文春文庫）
出口治明『一気読み世界史』（日経BP）
小坂井敏晶『社会心理学講義〈閉ざされた社会〉と〈開かれた社会〉』（筑摩書房）
出口治明『人生の教養が身につく名言集』（三笠書房）

あとがき

教養とは何でしょうか。どうして人間には教養が必要なのでしょうか。もし、そう質問されたら、僕の答えは「教養とは、人生におけるワクワクすること、面白いことや、楽しいことを増やすためのツールです」という一言に尽きると思います。

よりワクワクする人生、より面白い人生、より楽しい人生を送って、悔いなく生涯を終えるためのツール、それが教養の本質であり核心であると僕は考えています。

これは僕がライフネット生命の会長をしていた２０１５年に出版した、『人生を面白くする 本物の教養』の中の一節です（表記を一部変更）。いま同じ質問をされたら、まったく同じように、いや以前よりも強い確信を持って、そう答えると思います。

病気で倒れてから学長職に復帰するまでのリハビリに明け暮れる日々は、たしかに大変でした。いまの生活も、病気になる前と比べたらずいぶんと不自由なものといっていいでしょう。でも僕はそれを「つらい」「苦しい」とは思いません。

ふだんは午前8時半、リハビリのある日には10時～11時台に大学に出勤して、夕方5時半まで執務、そのあとは介護サービス付きの住宅に帰るというのが、いまの僕の日常です。以前のように食事やお酒をともにしながら人と喋ったり、自由に旅行したりということはできませんが、毎日を、楽しんでワクワクしながら過ごしています。

そのように思えるのは、これまでに会ってきた人や、してきた旅、そして読んできたたくさんの本から学んだ物事の考え方や知識のおかげです。

リハビリでは、専門の療法士の先生方がファクトに基づいて組んでくれたプログラムを実践することで、身体の諸機能が回復していくのを体験してきました。

医学の成果と専門家の知恵というのは、本当にすばらしいものです。人間の脳や身体はいかに精妙にできていて、どのような回復力が備わっているかという、これまで本で読んである程度は知っていた人体の仕組みを自分の身体で確認できたのも、とてもワクワクすることでした。

書くための自主リハビリでは、多くの古典作品を鉛筆でなぞり書きしてみることで、これまでは気づかなかった新たな発見があり、作品をより深く味わうことができました。

男性で健常者で大学の学長で……という圧倒的にマジョリティ側だった僕が、障がい者というマイノリティ属性を持つことで、現実の社会を見る新しい目も獲得しました。あらゆる人が生きやすい社会にしたい。やりたいことが、またひとつ増えました。

この本では、そのような、「知の力」「教養の力」をあらためて実感した体験を踏まえて、「逆境の乗り越え方」について、「小さな目」と「大きな目」でお話ししてきました。

「逆境」に直面したら、数字とファクトで目の前の現実を把握すること。

過去は過去。失ったものを嘆いても、もっとこうすればよかったと後悔しても、しょうがない。現実を受け入れて、ロジカルに導き出される「自分に必要なこと」「自分ができること」を実行すること。

僕が考える「逆境の乗り越え方」を突き詰めると、こうなります。

「そんなふうにできるのは、出口さんが強いからですよ」「頭ではわかったとしても、ふつうはそうはできないんですよ」

そう言われることはよくあります。自分ではあまりピンと来ないのですが、僕はいわゆるメンタル、精神力が強いタイプの人間なのかもしれません。

精神力が強いか弱いか。境遇に変化が起きたとき、すぐに新しい状況に気持ちを切り替えられるか引きずってしまうか。人による差はたしかにあります。

ただ、「人間の能力はみんなどっこいどっこいで、チョボチョボ」というのが、僕の持論です。精神力の強さも、気持ちの切り替えのスピードも、人による差があるとはいっても、しょせんは程度問題です。

自分の足でひとりで歩けるようになるのをあきらめ、言葉のリハビリに注力してはどうか。その選択を迫られたとき、僕は1秒だけ悩んで決断したとお話ししました。

僕のように1秒で決心してしまう人もいれば、次の一歩を踏み出すまでに1年かかる人もいるでしょう。そこに優劣の差はありません。

かかる時間は人それぞれでも、行きつく答えはただひとつ、「自分に必要で、できることをやる」ということです。

いまはつらくてクヨクヨしてしまっていても、どんな人でも必ずそこにたどりついて、逆境を乗り越えることはできます。終わらない逆境はありません。そこを信じて、ベストを尽くすことを目指してほしいと思います。

本書は、僕が幻冬舎の小木田順子さんとライターの岡田仁志さんにお話ししたことを、僕のこれまでの発言や著作の内容なども参考にして、岡田さんが原稿にまとめてくれました。小木田さん、岡田さん、出版に協力してくれたＡＰＵのスタッフのみなさん、本当にありがとうございました。

読者のみなさんの忌《き》憚《たん》のないご意見をお待ちしております（宛先メールアドレスhal.deguchi.d@gmail.com）。

２０２３年５月

立命館アジア太平洋大学（ＡＰＵ）学長　出口治明

著者略歴

出口治明《でぐちはるあき》

一九四八年三重県生まれ。

立命館アジア太平洋大学（APU）学長。ライフネット生命保険㈱創業者。

京都大学法学部卒。一九七二年、日本生命保険(相)に入社。

ロンドン現地法人社長、国際業務部長などを経て二〇〇六年に退社。

同年、ネットライフ企画㈱を設立、代表取締役社長に就任。

二〇〇八年に免許を得てライフネット生命保険㈱と社名を変更、二〇一二年上場。

社長・会長を一〇年務めたのち、二〇一八年より現職。

『人生を面白くする　本物の教養』『自分の頭で考える日本の論点』（ともに幻冬舎新書）、

『人類5000年史（Ⅰ〜Ⅴ）』（ちくま新書　Ⅴは近刊）、

『復活への底力』（講談社現代新書）、『一気読み世界史』（日経BP）、

『0から学ぶ「日本史」講義（古代篇、中世篇、戦国・江戸篇）』（文春文庫）など著書多数。

幻冬舎新書 691

逆境を生き抜くための教養

二〇二三年五月三十日 第一刷発行

著者 出口治明
発行人 見城 徹
編集人 小木田順子
発行所 株式会社 幻冬舎
〒一五一-〇〇五一 東京都渋谷区千駄ヶ谷四-九-七
電話 〇三-五四一一-六二一一(編集)
〇三-五四一一-六二二二(営業)
公式HP https://www.gentosha.co.jp/
ブックデザイン 鈴木成一デザイン室
印刷・製本所 株式会社 光邦

検印廃止

Printed in Japan ISBN978-4-344-98693-0 C0295
て-3-3

*この本に関するご意見・ご感想は、左記アンケートフォームからお寄せください。
https://www.gentosha.co.jp/e/